Hallo,

Jedes Jahr Mitte März das gleiche Spiel, ich schaue ganz regelmäßig auf die Webseite von mandelbluete-pfalz.de, um mich über den aktuellen Stand der Blüte zu informieren. Ca. zwei Wochen früher als andernorts hält der Frühling Einzug in der Pfalz. Grund genug für eine Fahrt in den vom Klima begünstigten Landstrich, der sich dann in ein rosa Blütenkleid hüllt.

UNTERWEGS ZWISCHEN WALD UND REBEN

Aber es gibt im Jahresverlauf viele weitere gute Gründe für einen Abstecher oder längeren Aufenthalt in der Pfalz. Die langen Tage im Sommer sind wie gemacht für ausgedehnte Touren, bei denen immer auch der Genuss eine große Rolle spielt. Es gibt nichts Herrlicheres als in einem tollen Aussichtslokal in die Ferne zu schauen und dabei die gute Pfälzer Küche und die hervorragenden Weine zu kosten. Die besten Adressen verraten wir Ihnen auf S. 78 f. Hat man sich sattgesehen an dem grandiosen Panorama, lockt am Abend in den romantischen Weindörfern ganz bestimmt noch irgendwo ein Weinfest, wo man mit den Pfälzern meist ganz leicht ins Gespräch kommt.

DIE PFALZ HAT IMMER SAISON

Der Herbst, wenn die Trauben geerntet werden, die Kastanien vom Baum fallen und die Wetterlage häufig stabil ist, ist die große Zeit der Region. Alles konzentriert sich auf die Lese, wird es ein guter Jahrgang? Sobald sich das Laub leicht färbt, machen Wanderungen auf dem Pfälzer Weinsteig bzw. im Pfälzerwald (S. 117) noch mehr Spaß. Aber selbst im Winter gibt es gute Anlässe für eine Fahrt in die Pfalz – die schönsten Gründe für Touren in die Region stellen wir Ihnen auf S. 22 f. vor.

Herzlich

Ihre

Birgit Borowski

Birgit Borowski
Redaktion DuMont Bildatlas

Die Pfalz und die Autorin Cornelia Tomaschko trennt nur der Rhein. Ideale Bedingungen, um sich am Wochenende zwischen Wald und Reben zu erholen.
Der Hamburger Fotograf Gerald Hänel war erstaunt, wie unkompliziert sich die Arbeit vor Ort gestaltete, dank der Freundlichkeit der Pfälzer.

42

Der Marktplatz in Neustadt an der Weinstraße strahlt viel Flair aus.

Die Pfalz wird rosa, wenn im Frühling die Mandelbäume blühen.

50

Kathrin Otte prüft, welche Trauben ins Fass dürfen.

56

24

Kunst und Künstler sind nicht nur in Speyer von Bedeutung.

Das Beste erleben

Berührend, aufregend und spannend ...
sind unsere Ideen, die wir für Ihren Aufenthalt
in der Pfalz zusammengetragen haben.

Große Kunst

*** 1 ***

SPEYERER DOM

Der Kaiser- und Mariendom in Speyer ist die größte romanische Kirche der Welt und UNESCO-Weltkulturerbe.

Seite 40

*** 2 ***

VILLA LUDWIGSHÖHE

Ein italienisch anmutendes Schlösschen über den Weinbergen bei Edenkoben.

Seite 81

*** 3 ***

BURG TRIFELS BEI ANNWEILER

Im Mittelalter war die Burg Zentrum des Kaiserreiches und beherbergte die Insignien der Macht.

Seite 82

Reiner Genuss

*** 4 ***

FREINSHEIM

Klein, aber fein mit mittelalterlicher Stadtmauer und romantischem Ortskern zeigt sich Freinsheim – und mit viel Flair.

Seite 61

*** 5 ***

BAD DÜRKHEIM

Das ganze Jahr über feiern die Pfälzer den Wein, besonders ausgiebig in Bad Dürkheim.

Seite 62

*** 6 ***

KUCKUCKSBÄHNEL BEI NEUSTADT

Mit der Museumsbahn Kuckucksbähnel kann man ab Neustadt durchs Elmsteiner Tal zuckeln – Bahnromantik pur.

Seite 63

Besondere Orte

• 7 •

JÜDISCHER FRIEDHOF

Der jüdische Friedhof »Heiliger Sand« in Worms ist der älteste in Europa mit einem Grabstein von 1058/59 und Teil des UNESCO-Weltkulturerbes.
Seite 39

• 8 •

HAMBACHER SCHLOSS

Einer der wichtigen Orte der deutschen Demokratiebewegung liegt bei Neustadt.
Seite 63

• 9 •

DEUTSCHES SCHUHMUSEUM HAUENSTEIN

Sozial- und Wirtschaftsgeschichte wird in der ehemaligen Schuhfabrik sehr lebendig.
Seite 98

Großartige Natur

• 10 •

DAHNER FELSENPFAD

Wilde Felsen, unglaubliche Fernsichten, schmale Pfade und Höhlen – Pfälzerwald pur.
Seite 97

• 11 •

WILD- UND WANDERPARK SILZ

Mufflons mit gewaltigem Kopfschmuck, scheue Wölfe und der Ruf des Uhus – Tierwelt in ihrer ganzen Vielfalt im Naturpark.
Seite 98

• 12 •

KARLSTAL BEI TRIPPSTADT

Vielleicht das schönste Tal der Pfalz, auf alle Fälle das ursprünglichste mit viel Wasser.
Seite 99

FRÜHER IN DEN FRÜHLING

Rosa gerahmt ist der Blick auf Birkweiler: In warmen Jahren setzt die Mandelblüte in der Pfalz bereits Mitte März ein und verzaubert die Natur bis Ende April. Mit der Blüte beginnen auch die Weinfeste, allen voran das Mandelblütenfest in Gimmeldingen.

VON HOHER QUALITÄT

Es braucht nicht viel, um glücklich zu sein. Die Pfälzer feiern gern, vor allem den Wein – dazu reicht schon ein Tisch zwischen den Rebstöcken. Und die Pfälzer haben allen Grund, ihren Wein zu feiern, denn die Qualität wird auch jenseits von Deidesheim und anderen renommierten Lagen von Jahr zu Jahr besser.

WELTKULTURERBE AM RHEIN

Eine lange Geschichte hat Speyer, das bereits die Römer kannten. Die Bedeutung der Stadt im Mittelalter ist noch heute im Dom sichtbar: Grablege für Kaiser und Könige, Weltkulturerbe und größter erhaltener romanischer Kirchenbau weltweit. Umgeben ist er von einer quirligen Altstadt mit gemütlichen Weinstuben.

Gasthaus zum Halbmond
Tränk Gasse

DAS LEBEN FEIERN

Immer wieder tauchen Zahlen auf, wie viele Weinfeste in der Pfalz gefeiert werden. So genau weiß es keiner, sicher ist nur, dass fast an jedem Wochenende irgendwo Tische und Bänke für Gäste aufgebaut sind – beim Dürkheimer Wurstmarkt oder beim Billigheimer Purzelmarkt (Abb.), dem ältesten Volksfest der Pfalz.

EIN WALD FÜR ALLE

Der Pfälzerwald ist ein Paradies für Mountainbiker, aber auch für ganz gemütliche Radler und E-Biker oder natürlich für Wanderer. Sie alle treffen sich in den Hütten des Pfälzerwaldvereins, die ehrenamtlich – und deshalb meist nur an Wochenenden – von den Mitgliedern des Vereins betreut werden.

ROMANTISCHE GASSEN UND PLÄTZE

Die Hintergasse in Neustadt belegt auf das Schönste, dass es nicht nur in Orten wie Deidesheim oder St. Martin, von denen fast jeder schon mal gehört hat, einen hübschen Ortskern mit schmalen Gassen, alten Fachwerkhäusern und romantischen Winzerhöfen gibt.

BIZARRE FELSLANDSCHAFT

Im Wasgau ragen bizarre Felsformationen aus dem Pfälzerwald heraus. Burgruinen lassen erkennen, wie stark dieses Gebiet im Mittelalter besiedelt war. Auf manche Felsen führen auch gut begehbare Wanderwege. Die grandiose Fernsicht wie hier von der Wegelnburg belohnt jede Anstrengung.

BORA

Das Beste der Jahreszeiten

DIE PFALZ HAT IMMER SAISON

Nicht nur im Herbst, wenn die Trauben geerntet werden, die Kastanien vom Baum fallen und die Wetterlagen stabil sind – auch zu den anderen Jahreszeiten bieten die Pfalz und die Pfälzer ihren Gästen Schönes, Überraschendes und Skurriles.

1 Ganz in Rosa

Wer sich etwas Gutes tun will, sollte im Frühjahr an die Weinstraße fahren. Dann blühen die Mandelbäume in verschiedenen Rosatönen und bezaubern jeden. Das rosa Leuchten wird in die Dunkelheit hinein verlängert, wenn Gebäude wie das Hambacher Schloss und die Villa Ludwigshöhe in rosafarbenes Licht getaucht werden. Nicht zu lange warten, schon im März blühen die Bäume. Dann beginnen auch geführte Wanderungen durch die Mandelhaine und die Feste zur Mandelblüte.

Wann gefeiert wird, richtet sich nach dem Stand der Blüte. Näheres unter suedlicheweinstrasse.de und mandelbluete-pfalz.de

2 Feiern und Verkosten

Weinfeste feiern die Pfälzer praktisch ganzjährig. Besonders schön sind die Feste im Sommer, wenn man bis in die Nacht hinein unter freiem Himmel sitzen kann – am besten mit einem Schoppenglas in der Hand. Dann ergibt es sich von alleine, dass man mit Menschen redet, als ob man sie seit Jahren kennen würde und sie dennoch vor einer Stunde das erste Mal gesehen hat. Dabei teilen sich die Pfälzer auch schon mal ein Dubbeglas zu mehreren. Das hat den Vorteil, dass der Wein nicht warm wird und jeder mal die Chance bekommt, Nachschub zu holen. Und wenn man mal einen geselligen Ort während der Woche sucht, bieten die zahlreichen Gutsausschänke entlang und vor allem auch etwas abseits der Weinstraße eine gute Alternative. Vielleicht entdeckt man dabei ja seinen Lieblingswinzer.

Informationen zu Weinfesten gibt es im Internet unter pfalz-weinfeste.de. Bei pfalz.de und in der »Zum Wohl die Pfalz«-App gibt es eine Übersicht aller Festtermine. Dort findet man auch eine Liste der Vinotheken der Pfalz.

3 Zum Abkühlen

Wer mal so richtig kalt duschen möchte, sollte sich auf den Weg nach Gleisweiler machen. Die Walddusche im Hainbachtal, angeblich die einzige ihrer Art noch in Deutschland, kühlt mit einer Wassertemperatur zwischen 8 und 12 Grad Celsius an heißen Sommertagen jeden ab. Da ist der naturnahe Gelterswoog bei Kaiserslautern doch noch ein bisschen wärmer. Roter Sandstrand und weitläufige Liegewiesen umrahmen das idyllische Strandbad. Beim Seehof nahe Erlenbach im Dahner Felsenland reichen die Bäume bis an den See heran. Am südlichen Teil gibt es einen Sandstrand mit Liegewiese.

Informationen zu den Badeseen unter pfalz.de oder badeseen.rlp-umwelt.de

4 Temperierter Rotwein

Kaum hat das neue Jahr begonnen, dreht sich schon wieder alles um den Wein. Genauer um den Rotwein. In Freinsheim und in Landau-Nußdorf steht er am letzten Wochenende im Januar im Mittelpunkt. Nicht in der warmen Weinstube, nein, im kalten Weinberg. In Nußdorf schlagen die Winzer ihre Zelte entlang des Weinerlebniswegs auf, in Freinsheim wandert man auf dem Weinwanderweg von Stand zu Stand, Freitagabends auch mit Fackeln. Zu essen gibt es vor allem Deftiges, falls es der Wein alleine nicht schafft, die Wanderer zu wärmen.

Streckenpläne unter landau-nussdorf.de für das »Erlebnis in Rot« und unter stadt-freinsheim.de für die »Rotweinwanderung«

5 Zu Zeiten der Keschde

So wie im Frühling die Mandeln das (Fest-)Leben in der Pfalz bestimmen, sind es im Herbst die Kastanien, dort auch »Keschde« genannt. Während der Kastanientage von Anfang Oktober bis Mitte November sind sie überall zu finden, nicht nur in stacheligen Igeln auf dem weichen Waldboden. In den Weinstuben gibt es Feldsalat mit Kastanien, Saumagen mit Kastanien, Bratwürste mit Keschde, Rumpsteaks unter Keschdekruste und noch vieles mehr. In Annweiler, Edenkoben und Hauenstein werden der Kastanie zu Ehren Feste gefeiert, jedes Wochenende an einem anderen Ort. Besonders gut schmecken die Kastaniengerichte nach einer Wanderung auf dem Keschdeweg von Hauenstein über Annweiler und Maikammer bis Neustadt an der Weinstraße. 60 Kilometer kann man unter dem Zeichen der Kastanie wandern.

Infos zu Festen und Wanderungen unter pfalz.de

6 Kerzen im Wald

In fast jedem größeren Ort der Pfalz öffnen in der Vorweihnachtszeit Buden mit Geschenkartikeln, Glühwein und Bratwürsten. Tannenbäume stehen als Schmuck an den Hausecken und vor den Kirchen. In Johanniskreuz, im Herzen des Pfälzerwalds, wird am dritten Adventswochenende rund um das Haus der Nachhaltigkeit Waldweihnacht gefeiert. Neben den obligatorischen Buden flackern Lagerfeuer und Blechbläser und Alphörner bringen Musik in den Wald.

Infos beim Haus der Nachhaltigkeit, Johanniskreuz 1a, 67705 Trippstadt, Tel. 06306 9 21 01 30, hdn.wald.rlp.de

7 Scharnier muss sein

Karneval im September? Mancher, der zufällig am ersten Septemberwochenende in Maikammer ist, reibt sich verwundert die Augen. Verkleidete Menschen allerorten, neben oder unter sich ein Rad aus vergangen geglaubten Zeiten. Der Klapprad-Cup auf die Kalmit bei Maikammer steht jedes Jahr unter einem bestimmten Motto, nach dem sich die Teilnehmer verkleiden. Teilnehmen dürfen definitiv nur Fahrräder mit Scharnier. Moderne Falträder, die es fast schon mit einem Trekkingrad aufnehmen können, dürfen nicht an den Start. Zu überwinden ist eine Strecke von sechs Kilometern und 540 Höhenmetern. Start ist in Maikammer, das Ziel der Parkplatz an der Kalmit. Die Radgrößen dürfen variieren, aber die wahren Profis gehen mit 20-Zoll-Rädern auf die Piste. Das Ganze ist eine Riesengaudi, die natürlich mit einem Fest für die Teilnehmenden und die Zuschauer endet.

Termin und Motto unter kalmit-klapprad-cup.de

Rheinebene

*

BODENSCHÄTZE AUS ALTER ZEIT

*

Ob man nun vom Riesling zum Zander radelt oder den Kraut- und-Rüben-Weg nimmt – in der pfälzischen Rheinebene ist man nie nur landwirtschaftlich unterwegs. Überall fährt man über historischen Boden, an Überresten der Römerzeit, bedeutenden Kirchen des Mittelalters oder tiefgreifenden technischen Veränderungen vorbei.

Der Speyerer Dom, die größte erhaltene romanische Kirche der Welt, ist die Grablege von Kaisern, Kaiserinnen und Königen.

Da, wo die Pfalz am Rhein liegt, können dank der guten klimatischen Verhältnisse Spargel und Kartoffeln früher geerntet werden als anderswo. Ganzjährig werden mehr als 80 Sorten Gemüse und Salate angebaut. Direktvertrieb am Straßenrand bringt gute Einkünfte, aber auch auf den Wochenmärkten der Region ist Gemüse aus der Pfalz begehrt. Ein sehr einträglicher Zweig der Landwirtschaft war lange der Tabakanbau. Heute wachsen auf vielen Tabakfeldern gesunde Kräuter. Wegen der verkehrsgünstigen Lage haben sich aber auch Unternehmen angesiedelt. So ist etwa die Daimler Truck AG als Arbeitgeber für rund 11 000 Menschen mit dem weltweit größten Lkw-Montagewerk in Wörth vertreten, und die Mercedes-Benz Group beschäftigt im größten Lager für Autoersatzteile auf der Insel Grün in Germersheim rund 2800 Menschen.

ZAUBERHAFTER ALTRHEIN

Weit entfernt von Just-in-Time-Vorgaben fließen die Altrheinarme in aller Stille um die Insel Grün herum. Geschaffen hat diese Gewässer der Ingenieur Johann Gottfried Tulla, als er im 19. Jahrhundert den Rhein begradigte, indem er Durchstiche zwischen den Rheinschleifen graben ließ. Seitdem ist der Strom 81 Kilometer kürzer. Da sich durch die Begradigung die Fließgeschwindigkeit des Wassers erhöhte, erreichen die Schiffe aus Basel nun deutlich schneller Rotterdam und damit den Weltmarkt. In der Abgeschiedenheit der Altrheinarme dagegen konnten sich in aller Ruhe Flora und Fauna entwickeln. Heute ist die Auenlandschaft ein bedeutendes Naherholungsgebiet und steht weitgehend unter Natur- und Landschaftsschutz. Wer Ruhe sucht, ist dort am richtigen Platz, sei es bei einer Wanderung entlang des Wassers oder bei einer Fahrt mit dem Nachen auf dem Wasser.

»RÖMERSCHERWE« IM ACKER

Rhein und Rheintal waren schon für die Römer von strategischer Bedeutung. Sie

Der Dom St. Peter in Worms ist der kleinste der drei Kaiserdome am Rhein (oben). Spannende Ausstellungen zeigt das Kunstmuseum Heylshof (unten).

Der barocke Hochaltar von Balthasar Neumann stammt aus der Zeit des Wiederaufbaus des Wormser Doms im Jahr 1689. Die Blattgoldbeschichtung des Hochaltars soll zum größten Teil noch original sein (oben).

Der Friedhof »Heiliger Sand« ist der älteste jüdische Friedhof in Europa, Zeugnis der religiösen Toleranz der Wormser Bürger und Teil des UNESCO-Weltkulturerbes.

bauten vermutlich bereits 15 v. Chr. die Rheintalstraße, die über Rheinzabern, Germersheim, Speyer und Worms weiter nach Mainz und Köln führte. Im Bienwald im Süden der pfälzischen Rheinebene sind noch Teilstücke zu finden, während in den landwirtschaftlich genutzten Flächen vermutlich im wahren Sinne des Wortes alles untergepflügt wurde, nachdem die nutzbaren Steine in den Häusern und Gärten verbaut worden waren. Nach und nach kommen die Überreste römischen Lebens in der Rheinebene aber wieder ans Tageslicht. Die »Römerscherwe«, wie die Pfälzer die archäologischen Kostbarkeiten nennen, arbeiteten sich in Rheinzabern besonders zahlreich an die Oberfläche. Schwer vorzustellen, dass dieser beschauliche Ort um 200, 300 n. Chr. das größte römische Produktionszentrum für Keramik nördlich der Alpen war. Im Museum und bei den Brennöfen kann man sich aber schon in diese Zeit hineinspüren.

SCHATZ DER BARBAREN

Wenig Einfühlungsvermögen zeigten jene Schatzsucher, die 2013 mit ihren Metalldetektoren den »Barbarenschatz von Rülzheim« aufspürten, allen voran »Sonden-Bennie«. Er erkannte sofort, dass es sich bei den ausgegrabenen Silberteilen und Goldapplikationen um etwas ganz Großartiges handeln musste, und präsentierte seinen Fund aller Welt im Internet. Und damit auch der Polizei. Sie stellte den Schatz mit dem Schwarzmarktwert eines einstelligen Millionenbetrags sicher und übergab ihn dem Land Rheinland-Pfalz.

Wie Spurensicherer im Krimi versuchten Archäologen, an der Fundstelle weitere Hinweise auf die Herkunft des Schatzes zu finden, doch die Raubgräber waren allzu »barbarisch« ans Werk gegangen. Dennoch sind mit »Barbaren« nicht jene jungen Männer gemeint, sondern die Hunnen, die die Römer als Barbaren bezeichneten. Die Fundstücke, darunter Reste eines einzigartigen Reiseklappstuhls, stammen mit ziemlicher

Oben: Das Altpörtel war einst das westliche Stadttor Speyers. An der Ost- und Westseite der Fassade sind je zwei Zifferblätter angebracht, das große Zifferblatt zeigt die Stunden an, das kleine die Viertelstunden.

Unten: Im Technik Museum Speyer ist Europas größte Raumfahrtausstellung zu sehen, aber auch historische Dampfloks, U-Boote, Flugzeuge, mechanische Musikinstrumente und weitere technische Errungenschaften.

Viel Platz ist meist nicht in den urgemütlichen Weinstuben wie hier im Rabennest in Speyer. Weil die Gäste gern ein bisschen zusammenrücken, passt es dann aber meist doch.

Im Sommer spielt sich das Leben in Speyer vor allem draußen ab. Die Maximilianstraße bietet viel Abwechslung – die Ausstellung Odyssey zeigte Holzskulpturen von Robert Koenig.

Vom Speyerer Dom zum Rhein führen ein kleiner Park und romantische Gassen. Wer will, kann zu einer Bootsfahrt starten.

DIE AUSSICHTSPLATTFORM IN 60 METERN HÖHE KÖNNEN BESUCHER DES SPEYERER DOMS MIT EINEM TURMFÜHRER BESTEIGEN.

Sicherheit aus der Zeit um 450 n. Chr., als die Burgunden in der Rheinregion bei Worms herrschten. Also Teil des sagenhaften Nibelungenschatzes? Wohl eher nicht, dieser ist vermutlich mehr Sage denn Realität.

NIBELUNGEN IN WORMS

Gleich ob Sage oder Mythos, Siegfried, Krimhild, Brünhild, Gunther, Hagen von Tronje und die anderen Nibelungen sind in Worms, dem einstigen Zentrum des Burgundenreiches, nach wie vor sehr gegenwärtig. In der alten Stadtmauer begegnet man ihrer Geschichte in zwei eindrucksvollen Türmen. Man braucht Zeit, bis man sich im »Sehturm« durch Mythos und Rezeption gearbeitet hat, doch die multimediale Präsentation ist alles andere als langweilig. Und wer oben angekommen ist, genießt einen gigantischen Blick über die Rheinebene und auf die alte Kaiserstadt Worms, geprägt vom Dom auf dem höchsten Punkt der Stadt. Das Nordportal, an dem sich Brünhild und Krimhild gestritten haben sollen, welcher ihrer Ehemänner der Ranghöhere sei und wer von ihnen deshalb als Erste die Kirche betreten dürfe, wurde 1689 zerstört, aber die Nibelungen sind in Worms unsterblich. Jedes Jahr im August stehen sie bei den Festspielen auf der Freilichtbühne neben dem Dom.

RELIGIÖSE TOLERANZ

Der Dom ist eines der zahlreichen Zeugnisse der religiösen Toleranz in Worms. Juden, Katholiken, Protestanten – alle haben eine Heimat in der uralten Stadt am Rhein. Der Friedhof »Heiliger Sand« ist der älteste jüdische Friedhof in Europa und seit 2021 UNESCO-Welterbe. Er fasziniert mit verwitterten Grabsteinen und uralten Bäumen Menschen, gleich, woran sie glauben. Der Dom, neben Mainz und Speyer der kleinste der drei Kaiserdome am Rhein, war und ist Zentrum der Katholiken. 1517 wurde deren religiöses Leben ordentlich durcheinandergewirbelt, als Martin Luther mit seinen Thesen zur Erneuerung der Kirche an die Öffentlichkeit trat. 1521 sollte sich Luther beim Reichstag in Worms von seinen Gedanken wieder distanzieren. Wer nach einem Besuch des Doms mit dem barocken Hochaltar von Balthasar Neumann ein wenig Zeit in der nicht weit entfernten Magnuskirche mit ihrer großen Schlichtheit verbringt, erlebt den Unterschied zwischen einer katholischen und einer evangelischen Kirche.

WELTKULTURERBE IN SPEYER

Zum Bummeln und Flanieren bevorzugen Einheimische wie Gäste Speyer. Dort gibt es zwar auch kulturelle Highlights auf Schritt und Tritt, aber eben auch jede

Auf der Bronzetür des Hauptportals am Dom zu Speyer ist die biblische Heilsgeschichte in 25 Hochreliefs dargestellt.

Der goldene Hut von Schifferstadt im Historischen Museum Speyer

Blick nach Osten im Dom zu Speyer, wo der Kirchenbau mit dem Chor und dem Hauptaltar begonnen wurde, damit man diese Teile möglichst früh nutzen konnte.

Tabakblätter werden zwar auch heute noch in der Pfalz geerntet, aber bei Weitem nicht mehr so viele wie im 19. und in der ersten Hälfte des 20. Jahrhunderts.

Wunderschön blühen die Tabakpflanzen, allerdings nicht lange. Die Blüten werden abgeschnitten, um die Nährstoffe ausschließlich den Blättern zuzuführen.

Nach der Ernte müssen die Tabakblätter getrocknet werden. Dazu werden sie auf Schnüre aufgefädelt und in den Tabakschuppen für zwei bis drei Monate aufgehängt, erklärt Tabakbauer Matthias Detzel aus Herxheim.

Im Fun Forest Kletterpark in Kandel findet jeder den passenden Parcours, sogar schon Drei- bis Sechsjährige.

Naturbadeseen bringen schnell erfrischende Abkühlung an heißen Sommertagen.

Special

Tabakanbau

Der Rauch hat sich verzogen

Ein Pfarrer war es, der 1573 in seinem Garten in Hatzenbühl erstmals Tabaksamen säte und damit die Menschen der Region für lange Zeit mit einem sehr guten Einkommen segnete.

Schon kleine Anbauflächen reichten bis in die zweite Hälfte des 20. Jahrhunderts aus, um mit Tabak viel Geld zu verdienen. Zeichen dieses Wohlstands sind die zahlreichen Tabakschuppen, die an den Ortsrändern von Hatzenbühl, Herxheim und Hayna stehen. Manchmal bauten die Bauern die Schuppen auch mitten im Dorf an Wohnhäuser oder Ställe an. Die Trocknung ist eine sensible und wichtige Phase der Tabakproduktion, weshalb Ende des 18. und Anfang des 19. Jahrhunderts diese speziellen Holzhäuser mit guter Durchlüftung gebaut wurden. Heute haben die meisten der »Duwakschoppen«, wie der Pfälzer sagt, eher touristische Bedeutung oder eine neue Verwendung gefunden wie einer der ältesten erhaltenen Tabakschuppen in Harthausen, der jetzt Gemeindezentrum ist.

Für Liebhaber gibt es die Pfalzzigarre noch.

In Herxheim bauen heute noch fünf Betriebe Tabak an, deren Endprodukte man im dortigen Rathaus erwerben kann. Gesünder ist sicherlich die Tabaktour, ein 35 Kilometer langer Radweg, oder der zwei Kilometer lange Tabakrundweg um Hatzenbühl, wo im 16. Jahrhundert alles begann.

Menge Cafés, Weinstuben und Geschäfte. Die Maximilianstraße, die vom Dom zum Altpörtel führt, bildet die prachtvolle Hauptachse der Stadt. In den benachbarten Gassen findet sich manche Besonderheit wie das Elwedritsche-Museum. Elwedritsche? Keiner hat sie je gesehen, meist werden sie als vogelähnliche Fabelwesen dargestellt, aber nach mehreren Schoppen in der Weinstube nimmt jeder seine eigene schillernde Kreation in Gedanken mit nach Hause.

Mehr als 50000 Menschen leben heute in Speyer, etwa 500 waren es, als zwischen 1024 und 1061 der Dom erbaut wurde. Der salische Kaiser Konrad II. wollte die größte Kirche seiner Zeit errichten, was ihm nachhaltig gelungen ist. Auch heute noch ist der Speyerer Dom die größte romanische Kirche weltweit. Einer der Gründe für die UNESCO, ihn 1981 zum Weltkulturerbe zu erheben. Die Grablege von Kaisern, Kaiserinnen und Königen macht den Speyerer Dom zu einem besonderen historischen Ort. 1039 war Konrad II. der erste Herrscher, der im noch nicht fertigen Dom bestattet wurde. Seit die Gräber der mittelalterlichen Herrscher zu Beginn des 20. Jahrhunderts untersucht wurden, sind die Grabbeigaben im benachbarten Historischen Museum der Pfalz im Domschatz ausgestellt.

Geschichte

SPANNENDE VERGANGENHEIT

In den undurchdringlich scheinenden Pfälzerwald wagten sich die frühen Siedler noch nicht. Aber die Rheinebene war ein Anziehungspunkt für Steinzeitmenschen, Kelten, Römer, Germanen und die mittelalterlichen Herrscher. Und sie hinterließen so manches Geheimnis.

Auf den Spuren römischer Geschichte im modernen Terra Sigillata Museum in Rheinzabern.

Für Archäologen ist die Rheinebene ein so spannendes wie irritierendes Gebiet. Zerschlagene Schädel, Knochen mit Beißspuren, reich verzierte Prunkgefäße und Tierknochen, alles in langen Gruben deponiert, dieses Sammelsurium entdeckten die Wissenschaftler bei Grabungen in Herxheim. Was war da vor 7000 Jahren geschehen? Opferrituale? Massenmord? Kannibalismus? Da die gefundenen Gefäße teilweise aus bis zu 400 Kilometer Entfernung stammen, liegt die Vermutung nahe, dass die Toten von weit her kamen. Woher? Auf diese Frage sollen Zahnuntersuchungen Antwort geben. Warum? Die Frage wird die Forscher noch eine Weile beschäftigen.

RÖMISCHES KERAMIKZENTRUM

Klarer sehen Historiker dagegen, wie viel Trubel in dem heute beschaulichen Rheinzabern im zweiten und dritten nachchristlichen Jahrhundert herrschte. An der Rheintalstraße der Römer gelegen, wurde aus der einfachen Straßenstation dank der üppig vorhandenen Rohstoffe Ton und Holz das größte römische Produktionszentrum für Keramik nördlich der Alpen. »Terra Sigillata« heißt das edle, rot glänzende Tafelgeschirr, das nur zu besonderen Anlässen auf den Tisch kam, weil es leicht zu Bruch ging. Für den Alltag produzierten die Töpfer in »Tabernae« Gebrauchsgeschirr. Ein weiterer wichtiger Zweig war die Baukeramik. In manchen Betrieben stellten die Arbeiter monatlich fast 20 000 Ziegel her. Von den zahlreichen Werkstätten sind bei Grabungen 100 Brennöfen gefunden worden.

RUDERN WIE DIE RÖMER

Aber nicht nur Handelsschiffe fuhren zu römischer Zeit auf dem Rhein, auch Militärschiffe patrouillierten auf dem Fluss, um die Grenzen zu sichern. Auf Basis eines bei Mainz entdeckten Schiffswracks bauten geschichtsbegeisterte Pfälzer in Zusammenarbeit mit der Universität Trier die »Lusoria Rhenana«, die bei Neupotz liegt. Seit 2011 kann jeder zum Ruder greifen. Um diesen etwa fünf Tonnen schweren Nachbau eines römischen Schiffs zu bewegen, sollten allerdings mindestens 16 erwachsene Ruderer zusammenkommen.

Mindestens 16 Ruderinnen und Ruderer werden gebraucht, um die »Lusoria Rhenana« zu bewegen.

Terra-Sigillata-Gefäße wurden bei 950 bis 1000 Grad Celsius gebrannt. Die Heizgase leitete man durch Rohre in die Brennkammer, damit kein Ruß die edle Glasur beschädigte. Hier sieht man den Heizraum eines solchen Brennofens.

Rechts: Die Krypta unter dem Speyerer Kaiserdom ist der älteste Teil der Kirche und Grablege von Kaisern und Königen. Mit fast sieben Metern ist ihr Gewölbe ungewöhnlich hoch.

Ganze Seite rechts: Vom Dom in Speyer ist es nicht weit zum Rhein. Dort starten Ausflugsschiffe, unter anderem in die Altrheinarme.

KAISER BAUTEN DOME

Speyer und Worms sollten ihre ganz große Rolle erst im Mittelalter spielen. Damals entstanden die drei großen Kaiserdome am Rhein, zu denen auch Mainz gehört. Mit dem Speyerer Dom wollte Konrad II. ein deutliches Zeichen seiner Macht setzen und schuf die heute größte romanische Kirche der Welt, seit 1981 UNESCO Weltkulturerbe. Konrad II. war dann der Erste, der im Dom noch vor dessen Fertigstellung beigesetzt wurde. Die Grablege der acht deutschen Kaiser und Könige erreichen Besucher heute über die Krypta, den ältesten Teil des Doms, der sich seit der Weihe im Jahr 1041 wenig verändert hat.

Steht in Speyer der größte der drei romanischen Kaiserdome am Rhein, so ist es in Worms der kleinste. 1018 wurde der Dom, weit sichtbar auf dem höchsten Punkt der Stadt, geweiht. Doch wegen Baumängeln stürzten Teile des Doms wenige Jahre später wieder ein. Auf dem Fundament wurde zwischen 1130 und 1181 ein neuer Dom gebaut. Dem schlichten romanischen Baustil im Westchor mit steinerner Rosette steht der prunkvolle Barockaltar Balthasar Neumanns im Ostchor gegenüber. Als die Gotik modern wurde, wurde die Südseite im Stil der Zeit verändert, heute ist dort der Zugang zum Dom.

JÜDISCHES ERBE

Auch der Zweite Weltkrieg setzte Worms schwer zu und die Narben sind bis heute im Stadtbild zu sehen. Erhalten blieb das ehemalige Judenviertel mit seiner engen Bebauung. Die Synagoge, 1938 in der Pogromnacht zerstört, wurde bereits 1959 bis 1961 nach alten Plänen und mit noch vorhandenen Bauteilen wieder aufgebaut. Welche Bedeutung Worms mit Speyer und Mainz im Mittelalter auch für Juden hatte, zeigt der Friedhof »Heiliger Sand« mit rund 2500 Grabsteinen. Die drei Städte waren im Mittelalter Zentren jüdischer Bildung und galten als »Jerusalem am Rhein«. Die UNESCO hat die Bedeutung der drei SchUM-Städte unterstrichen und sie zum Weltkulturerbe ernannt. SchUM ist ein Akronym aus den Anfangsbuchstaben der mittelalterlichen hebräischen Städtenamen: Schpira für Speyer, Warmaisa (U) für Worms und Magenza (M) für Mainz.

Informationen

Terra Sigillata Museum
Hauptstr. 35, 76764 Rheinzabern, www.terra-sigillata-museum.de; Do., Fr. 11.00–14.00, Sa. bis 15.00, So., Fei. bis 17.00 Uhr

Lusoria Rhenana
Start in Neupotz, Anmeldung über www.lusoriarhenana.de

VIKING RIVER CRUISES
BURGUND

WORMS
BÜRSTADT
HEPPENHEIM
Bobenheim-Roxheim
LAMPERTHEIM
HEMSBACH
WEINHEIM
GRÜNSTADT
Dirmstein
VIERNHEIM
FRANKENTHAL
MANNHEIM
Heddesheim
Hirschberg
LADENBURG
Ilvesheim
BAD DÜRKHEIM
LUDWIGSHAFEN am Rhein
SCHRIESHEIM
Neckarhausen
Edingen-
Dossenheim
WACHENHEIM
Limburgerhof
Mutterstadt
Neuhofen
EPPELHEIM
DEIDESHEIM
Plankstadt
Waldsee
Brühl
SCHIFFERSTADT
SCHWETZINGEN
Ketsch
Oftersheim
Sandhausen
Haßloch
NEUSTADT an der Weinstraße
SPEYER
HOCKENHEIM
WALLDORF
Maikammer
Dudenhofen
Altlußheim
Neulußheim
Reilingen
EDENKOBEN
Schwegenheim
Rheinhausen
Oberhausen-
Sankt Leon-Rot
Edesheim
Lingenfeld
PHILIPPSBURG
WAGHÄUSEL
Kronau
Bad Schönborn
Lustadt
Zeiskam
Hochstadt
GERMERSHEIM
Bellheim
LANDAU in der Pfalz
Offenbach an der Queich
Hambrücken
Weiher
Ubstadt-
Dettenheim
Neudorf
Forst
Rülzheim
Graben-
Hochstetten
Linkenheim-
Karlsdorf-
Neuthard
BRUCHSAL
Herxheim
Hatzenbühl
Leopoldshafen
Rheinzabern
Jockgrim
KANDEL
STUTENSEE
Eggenstein-
Maßstab 1:240.000
1
2
3
4

KULTURLANDSCHAFT IN DER RHEINEBENE

Die Rheinebene zwischen Worms und Wörth war schon immer ein beliebter Ort zum Wohnen und Arbeiten, was sich an den zahlreichen historischen Spuren aus allen Zeiten gut ablesen lässt. Für kultur- und naturinteressierte Touristen ein kleines Paradies.

1 Worms

Worms (86 500 Einw.) zählt zu den ältesten Städten Deutschlands. Vor mehr als 5000 Jahren siedelten dort Kelten, im 1. Jh. war der Ort römischer Militärstützpunkt. Im 9. Jh. eines der karolingischen Machtzentren, stieg Worms unter den Saliern im 11. Jh. zu noch größerer Bedeutung auf. Im Mittelalter galt die Stadt als Mittelpunkt jüdischer Kultur. 1521 verteidigte Martin Luther auf dem Reichstag zu Worms seine Thesen. 1689 zerstörten französische Truppen im Pfälzischen Erbfolgekrieg die Stadt weitgehend, ein Schicksal, das der Stadt 1945 nochmals widerfuhr.

SEHENSWERT

Der **Dom St. Peter,** romanische Pfeilerbasilika mit zwei Chören und Querschiff, entstand im 12. Jh. als einer der drei Kaiserdome am Rhein auf dem höchsten Punkt der Stadt. Am »Kaiserportal« der Nordseite spielt der Streit der Königinnen im Nibelungenlied. Der Figurenschmuck des gotischen Südportals ist wie eine Bilderbibel zu lesen. Der Ostchor wurde mit einem barocken Hochaltar von Balthasar Neumann ausgestaltet (Nov.–März Mo.–Sa. 10.00–16.45, So. 12.45–16.45, April–Okt. 9.00–17.45, Sa. bis 17.30, So. 12.45–16.45 Uhr). Nur wenige Meter entfernt liegt die evangelische **Magnuskirche,** eine karolingische Einraumkirche, die zur dreischiffigen Pfeilerbasilika erweitert wurde (Dechaneigasse 3, 8.00–18.00 Uhr). Der **Friedhof »Heiliger Sand« TOPZIEL** ist der älteste jüdische Friedhof in Europa mit ca. 2000 Gräbern. Der älteste Grabstein ist von 1058/59 (Willy-Brandt-Ring 21, April–Okt. So.–Fr. 9.30 bis 18.00, Nov.–März bis 16.00 Uhr, Sa. und an jüdischen Feiertagen geschl., Männer müssen eine Kopfbedeckung tragen). Das **Lutherdenkmal** von 1868 gilt als eines der größten der Welt (Lutherring). Seit dem 11. Jh. war Worms eine bedeutende jüdische Gemeinde. Zwischen Martins- und Judenpforte ist das ehemalige jüdische Wohnviertel gut erhalten mit Synagoge, die nach der Zerstörung 1938/42 wieder aufgebaut wurde (Synagogenplatz, April–Okt. tgl. 10.00–17.00, sonst tgl. 10.00–16.00 Uhr).

MUSEEN

In zwei Türme der Stadtmauer aus der Stauferzeit ist das **Nibelungenmuseum** integriert. Im

Das Nibelungenmuseum in Worms erzählt die Sage um Krimhild und Siegfried über zahlreiche spannende Hörstationen. In der Mitte des »Sehturms« hängt ein monumentales Zepter (oben). Terra sigillata heißt die feine Keramik aus römischer Zeit in Rheinzabern (rechts).

»Sehturm« erzählt der Dichter mit der Stimme Mario Adorfs die Entstehung des Nibelungenmythos und dessen Weiterverarbeitung. Ein eigener Rundgang ist Richard Wagners Opernzyklus »Der Ring des Nibelungen« gewidmet. Im »Hörturm« sind Passagen des Originalliedes zu hören. Im unterirdischen Mythenlabor können Besucher multimedial in die Welt der Sagen und Mythen abtauchen (Fischerpförtchen 10, www.nibelungenmuseum.de; Di.–Fr. 10.00 bis 17.00, Sa., So., Fei. bis 18.00 Uhr). Das **Museum der Stadt Worms** im Andreasstift zeigt Dokumente der Stadtgeschichte und ist selbst Teil der Geschichte als ehemalige romanische Kirche mit einem Kreuzgang aus dem 12./13. Jh. (Weckerlingplatz 7, www.museum-andreasstift.de; Di.–So., Fei. 11.00–17.00 Uhr). Das **Museum Heylshof** zeigt eine der bedeutendsten Sammlungen an Kunst und Kunstgewerbe des ausgehenden 19. Jh. (Stephansgasse 9, www.heylshof.de; März bis Dez. Di.–Sa. 14.00–17.00, So., Fei. ab 11.00 Uhr). Im **Jüdischen Museum** im Raschi-Haus geht es um Religion und Alltag der jüdischen Gemeinde vom Mittelalter bis ins 20. Jh. (Hintere Judengasse 6, www.juedischesmuseum-worms.de; April–Okt. Di.–So. 10.00–12.30 und 13.30–17.00 Uhr, sonst bis 16.30 Uhr).

ERLEBEN

Zwei Wochen lang im Juli zeigen die **Nibelungenfestspiele** Stücke, die mehr oder weniger dicht am Mythos der Nibelungen angesiedelt sind, aber immer direkt beim Dom (www.nibelungenfestspiele.de).

Die **Rheinpromenade** mit dem imposanten Hagen-Denkmal ist ein schöner Ort zum Spazierengehen und zum Schiffegucken. Im Sommer geht das sogar von einem Liegestuhl am aufgeschütteten Sandstrand aus.

HOTELS UND RESTAURANTS

Näher kann man an den historischen Stätten Worms nicht wohnen als im **€€ Dom-Hotel**, auch wenn die Architektur einen starken

Gegensatz zum Dom bildet (Obermarkt 10, 67547 Worms, Tel. 06241 90 70, www.dom-hotel.de). Direkt am Rhein liegt das €€ **Alte Ruderhaus** mit Pfälzer Gerichten und reicher Fischauswahl (Floßhafenstr. 7, 67547 Worms, Tel. 06241 3 08 62 02, www.altes-ruderhaus.de).

UMGEBUNG
In **Ludwigshafen** (22 km südl.), Standort der BASF, zählt das Wilhelm-Hack-Museum mit Werken von Malewitsch, Mondrian, Kandinsky und Andy Warhol zu den bedeutenden Kunstmuseen in Rheinland-Pfalz. Die Keramikfassade gestaltete Joan Miró (Berliner Str. 23, 67059 Ludwigshafen am Rhein, www.wilhelmhack.museum.de; Di.–Fr. 11.00–18.00, Do. bis 20.00, Sa,. So., Fei. ab 10.00 Uhr).

INFORMATION
Tourist Information, Neumarkt 14, 67547 Worms, Tel. 06241 8 53 73 06, www.worms-erleben.de

2 Speyer

Aus dem römischen Heerlager entwickelte sich im 11. und 12. Jh. ein Machtzentrum der Salier. Der Dom, seit 1981 UNESCO-Weltkulturerbe, zeugt noch heute davon. 1689 wurde Speyer (51 300 Einw.) im Pfälzischen Erbfolgekrieg zerstört. Beim Wiederaufbau blieb der mittelalterliche Grundriss erhalten. Überall finden Besucher historische Spuren, aber auch jede Menge zeitgenössische Lebensart.

SEHENSWERT
Der älteste Teil des **Speyerer Doms** TOPZIEL ist die Krypta unter Querhaus und Chor. Die Unterkirche wurde 1041 geweiht und ist fast unverändert. Von dort aus gelangt man zur Grablege der Kaiser und Könige, wie sie Anfang des 20. Jh. eingerichtet wurde (Domplatz, www.dom-zu-speyer.de; April–Okt. Mo.–Sa. 9.00–19.00,

Tipp

Am Seil um den Dom

Seit der jüngsten Restaurierung des Kaiserdoms in Speyer können Besucher die Zwerggalerie begehen. Der begehbare Säulengang unterhalb des Daches führt um den gesamten Kaiserdom herum. Von April bis Oktober können auf Anfrage Gruppen bis zu fünf Personen in luftiger Höhe viel über Baugeschichte und Bauerhalt des Doms erfahren. Sie werden angeseilt, da die Galerie kein Geländer hat, und sollten schwindelfrei sein.

ZWERGGALERIE IM DOM
Anmeldung: www.dom-zu-speyer.de

Die Boeing 747 und viele Oldtimer zählen zu den Highlights im Technik Museum Speyer, der nostalgische Zeitungskiosk stand nur temporär im Historischen Museum Speyer.

So. und Fei. 11.30–17.30, Nov.–März bis 17.00 Uhr). Mitte des 20. Jh. wurde der Dom innen in sein ursprünglich romanisches Aussehen zurückversetzt. Die Ausmalungen aus dem 19. Jh. wurden mit dem Putz abgenommen und sind im Kaisersaal über der Vorhalle im Südwestturm zu sehen. Unter den Nord- und Südfenstern des Mittelschiffs blieben Fresken aus dem Marienzyklus erhalten. Den Südwestturm kann man besteigen, die Aussichtsplattform liegt in 60 Meter Höhe (April–Okt. Mo.–Sa. 10.00–17.00, So. 12.00–17.00 Uhr). Die **Dreifaltigkeitskirche** (Große Himmelsgasse 3a, www.dreifaltigkeit-speyer.de; Mi. und Sa. 10.30–16.00, Fr. und So. ab 13.00 Uhr) ist die älteste der fünf protestantischen Kirchen Speyers. Die barocke Inneneinrichtung aus Holz ist reich bemalt, das Gewölbe mit Szenen aus dem Alten und Neuen Testament. Vom Dom führt die Maximilianstraße direkt zum **Altpörtel**, einem Stadttor und Teil der mittelalterlichen Stadtmauer. Im Innern ist eine Ausstellung über Speyer als Reichskammergericht (1527–1689) zu sehen (Maximilianstr. 55, www.altpoertel.de; April bis Okt. Mo.–Fr. 10.00–12.00, 14.00–16.00, Sa., So. 10.00–17.00 Uhr). Der höchste Kirchturm der Stadt gehört zur **Gedächtniskirche** (Bartholomäus-Weltz-Platz 5, www.gedaecht niskirchengemeinde.de; April–Okt. Di.–Sa. 10.00 bis 17.00, So. 14.00–17.00, Nov.–März Di. bis Fr., So. 13.00–16.00, Sa. 10.00–16.00 Uhr), die als Denkmal des Welt-Protestantismus gebaut wurde. Die neugotische Kirche ist im Stil einer französischen Kathedrale des 13. Jh. erbaut. In der Nähe des Doms siedelten Bischof und Kaiser 1084 Juden an, die 1349 im Zeitalter der Pest, für die sie verantwortlich sein sollten, erstmals vertrieben wurden. Im **Judenhof** sind Reste der Synagoge und das Ritualbad, die Mikwe, zu sehen (Kleine Pfaffengasse 20/21, April–Okt. tgl. 10.00–17.00, sonst Di.–So. 10.00 bis 16.00 Uhr).

MUSEEN
Interessante Sonderausstellungen, aber auch gut aufbereitete Sammlungen zur Geschichte der Region kennzeichnen das **Historische Museum der Pfalz** (Domplatz 4, www.museum.speyer.de; Di.–So. 10.00–18.00 Uhr). Lichtjahre entfernt, was das Sammlungsgebiet angeht, ist das **Technik Museum Speyer** (Am Technik Museum 1, www.speyer.technik-museum.de; tgl. 9.00–18.00, Sa., So., Fei. bis 19.00 Uhr). Spaceshuttle, Boeing, U-Boot, Feuerwehrfahrzeuge, Lokomotiven, Flugzeuge und andere technische Errungenschaften sind auf dem riesigen Gelände zu sehen. **Hans Purrmann und seine Frau** zählten zur Avantgarde der Malerei der ersten Hälfte des 20. Jh. Im Geburtshaus des Malers sind ihre Werke ausgestellt (Kleine Greifengasse 14, Do.–So. 11.00–18.00 Uhr). Hecht und Karpfen schwimmen im Rhein, Rochen und Katzenhai direkt daneben im **Sealife** mit mehr als 3500 Tieren und einem tropischen Korallenriff (Im Hafenbecken 5, www.visitsealife.com; Mo.–Fr. 10.00 bis 17.00, Sa., So. und Fei. bis 18.00 Uhr).

ERLEBEN
Hinter dem Dom geht es Richtung Rhein, wo die Fahrgastschiffe anlegen, die den Speyerer **Altrhein** befahren. Auch auf so einer Schiffstour kann man viel Natur entdecken (Rheinuferpromenade, www.personenschifffahrt-streib.de; Ostern–Okt. Di.–So. meist zwei Fahrten nachmittags ab 13.00 Uhr). Fast 1000 Weine aus der Pfalz können Genießer bei **Wein am Dom** Mitte April verkosten (www.wein-am-dom.de).

HOTEL UND RESTAURANT
Nahe der Altstadt liegt das Hotel €€ **Alt Speyer,** zertifiziertes Bio-Hotel, in dessen Gewölbekeller man auch einen Kochkurs machen kann (Große Gailergasse 1a, 67346 Speyer, Tel. 06232 6 83 93 62, www.hotelalt speyer.de). Aus Wachenheim und Umgebung kommen die meisten im € **Rabennest** angebotenen Weine. Die kleine Weinstube im denkmalgeschützten Haus von 1714 bietet gute Pfälzer Küche (Korngasse 5, 67346 Speyer, Tel. 06232 62 38 57, www.weinstube-rabennest.de).

INFORMATION
Tourist-Information, Maximilianstr. 13, 67346 Speyer, Tel. 06232 14 23 92, www.speyer.de

3 Germersheim

Festungsanlagen kennzeichnen Germersheim (21 000 Einw.). Mittendrin leben auch 1000 Studierende der Universität Mainz, die zu Übersetzern und Dolmetschern ausgebildet werden.

SEHENSWERT
Schutz gegen französische Truppen sollte die **Festungsanlage** in Germersheim bieten, aber als sie 1834 fertig war, war sie bereits veraltet angesichts der Weiterentwicklung der Militärtechnik. Nach dem Ersten Weltkrieg musste die Festung geschleift werden, doch zwei Stadttore und Gebäude innerhalb des Rings blieben erhalten. Vom Weißenburger Tor aus kann man einen ca. dreistündigen Rundweg starten.

MUSEUM
Im Zeughaus der ehemaligen Festung ist das **Deutsche Straßenmuseum** untergebracht. Wege und Straßen von den Römern bis heute liegen den Besuchern zu Füßen, eindrucksvolle Maschinen stehen im Hof (Im Zeughaus, www.deutsches-strassenmuseum.de; Do.–Fr. 10.00 bis 18.00, Sa., So., Fei. ab 11.00 Uhr).

ERLEBEN
Im Ortsteil Sondernheim ist ein Wanderweg zwischen **»Rheinaue und Hochgestade«** ausgeschildert, bei dem man an den urwaldähnlichen Auenwäldern vorbeikommt. Starten kann man beim Schleusenhaus. An der Kirche in Sondernheim biegt man Richtung Rhein ab.

INFORMATION
Tourist-Info, Paradeplatz 10,
76726 Germersheim, Tel. 07274 96 03 01,
www.germersheim-erleben.eu

4 Rheinzabern

Bei seiner Gründung im 1. Jh. hieß Rheinzabern (5000 Einw.) Tabernae und entwickelte sich wegen seiner verkehrsgünstigen Lage schnell zu einem Produktionszentrum für Keramik, die in das gesamte römische Reich verschickt wurde.

SEHENSWERT
Das **Terra Sigillata Museum** zeigt eindrucksvoll, wie modern die Keramikproduktion in Rheinzabern zu römischer Zeit war (Hauptstr. 35, www.terra-sigillata-museum.de; Do.–Fr. 11.00 bis 14.00, Sa. bis 15.00, So., Fei. bis 17.00 Uhr).

UMGEBUNG
In Neupotz liegt im Sommer die **Lusoria Rhenana,** ein Schiff, wie es die Römer bauten, um die Grenzen vom Wasser aus zu verteidigen. Gruppen und Teams können das Ruderschiff buchen. Am 1. Sonntag im Monat kann jeder zum Ruder greifen (www.lusoriarhenana.de).

INFORMATION
Verbandsgemeinde Jockgrim,
Untere Buchstraße 22, 76751 Jockgrim,
Tel. 07271 59 90, www.vg-jockgrim.de

VÖLLIG ENTSCHLEUNIGT!

Wenn keiner an Bord redet und man nur die Vogelstimmen hört, während der Nachen leise auf dem Wasser dahingleitet, ist es am schönsten. Dann ist eine Fahrt auf dem Altrhein der Inbegriff von Entschleunigung.

Zum Glück redet dann doch immer mal wieder der Bootsführer. Ohne seine Hinweise würde man vieles nicht sehen, und dank seiner Erzählungen hört man von manchen Tieren, die sich gerade an diesem Tag nicht zeigen. Zum Beispiel der Eisvogel. Der kleine Star unter der Vogelschar mit seinem bunt schillernden Federkleid ist nämlich ziemlich scheu. Das zeigt sich schon am Bau seiner Bruthöhle. 40 bis 80 Zentimeter tief gräbt er sie am Uferrand in etwa ein Meter Höhe ein.

Schwäne, Enten und Nilgänse sind nicht ganz so scheu, aber man sollte ihnen nicht zu nahe kommen, wenn sie Junge haben. Da kann so ein stolzer Schwan schnell mal zur Furie werden. Etwas zutraulicher sind die Biberratten oder Nutrias. Sie sind Tag und Nacht aktiv und hausen mit bis zu 14 weiteren Artgenossen in ihren Uferbauten.

Der Nachen gleitet leise durch den Altrheinarm bei Germersheim.

Nachts sind keine Bootsfahrer auf dem Rhein unterwegs und auch tagsüber ist ihre Zahl beschränkt. Da die Altrheinarme Landschafts- und Naturschutzgebiet sind, darf jedes Jahr nur eine bestimmte Anzahl Boote auf das Wasser. Entstanden sind diese kleinen Paradiese im 19. Jahrhundert, als der Rhein begradigt und die Rheinarme sozusagen vom Strom »abgehängt« wurden.

Termine: Die zweistündigen Bootsfahrten mit Plätzen für 12 Personen starten von Mitte März bis Mitte Oktober bei Germersheim, www,germersheim-erleben.eu

Anmeldung: Tel. 07274 96 03 01

Wandern: Eine Alternative, den Altrhein zu erleben, ist die Treidelwanderung mit Startpunkt am Schützenhaus in Hördt. Es geht 14 Kilometer durch eine faszinierende Landschaft.

Nördliche Weinstraße

IM SCHUTZ DES PFÄLZERWALDES

Wie an der nördlichen Weinstraße von Bockenheim bis Neustadt gilt auch für den südlichen Teil der Touristikroute von Maikammer bis Schweigen: Mildes Klima, in dem Feigen, Kiwis, Mandeln und Zitronen reifen, ausgedehnte Reblandschaften, romantische Weindörfer – ein idealer Landstrich zum Erholen und Genießen. Und zum Feiern.

Beim Mandelblütenfest in Gimmeldingen wird umittelbar neben den Reben gefeiert.

Kurzanleitung für Erntehelfer beim Weingut Mehling in Deidesheim: Nur Trauben, die ihr auch essen würdet, kommen ins Fass.

DAS GRÖSSTE WEINFEST WEIT UND BREIT FEIERN DIE BAD DÜRKHEIMER.

Und da beginnen dann allmählich die Unterschiede zwischen Norden und Süden der Weinstraße. Das größte Weinfest weit und breit feiern nämlich die Bad Dürkheimer. Seit gut 600 Jahren am zweiten und dritten Wochenende im September. Dass das Weinfest »Wurstmarkt« heißt, wird aus seiner Geschichte hergeleitet. Aus der Wallfahrt zum Michaelsberg wurde im Lauf der Jahrhunderte ein Volksfest, bei dem die Zecher nicht nur Wein tranken, sondern auch Unmengen von Würsten verspeisten. Ursprünglich geprägt von rustikalen Ständen, verfeinert sich das Angebot des »Wurstmarkts« von Jahr zu Jahr und spricht die unterschiedlichen Genießer auf ihre Art an. Traditionalisten allerdings brauchen kein Weindorf mit Stielglas, feinen Speisen und handgerüttelten Sekten. Sie drängen sich auf den engen Bänken der »Schubkarchstände« mit einem Schoppen im Dubbeglas und einem deftigen Pfälzer Vesper. Wie früher, als die Winzer ihre Weinfässer auf einer Schubkarre zum Festplatz schoben, die Schubkarre umdrehten, das Weinfass drauf legten und den Zapfhahn öffneten.

Ganzjährig geöffnet ist am Wurstmarktplatz der Ausschank im Riesenfass, für das Winzer und Küfermeister Fritz Keller 1934 200 Tannen im Schwarzwald fällen ließ. Mit einem Durchmesser von 13,5 Metern gilt es als das größte Fass der Welt, war aber nie mit Wein, sondern ist stets nur mit Menschen gefüllt.

FAST WIE AM MEER

Den Titel »Bad« hat Dürkheim allerdings nicht dem Wein zu verdanken sondern der »Alten Maxquelle« und deren reichhaltigem Mineralwasser. Dessen hoher Arsengehalt sorgte zu Beginn des 20. Jahrhunderts für einen regen Kurbetrieb. Menschen, die an Blutarmut, Leukämie oder Rachitis litten, kamen ebenso wie Patienten mit Hautkrankheiten. Allmählich wurde aber klar, dass die hohe Arsenkonzentration einerseits heilte, andererseits aber unangenehme Nebenwirkungen hervorrief. Neue Quellen wurden erschlossen und schicken nun ihr Wasser über das 18 Meter hohe Gradierwerk in der Nähe von Festplatz und Kurpark, genauer gesagt über die Reisigbündel, die dort gestapelt sind. Durch Sonne und Wind verdunstet das Wasser und dadurch wird für die Gewinnung von Salz aus der Sole weniger Energie verbraucht. Gleichzeitig ist die Luft rund um das Gradierwerk salzgeschwängert und eine Wohltat für die Atemwege, weshalb entlang der 333 Meter langen Anlage die Sitzbänke meistens besetzt sind. Die Salzgewinnung als solche hat

Das romantische Städtchen Freinsheim (links und Mitte links) wird noch von einer Stadtmauer aus dem Mittelalter umfasst. Wenn Ende Mai das Altstadtfest gefeiert wird, ist kaum ein Fleckchen in den alten Gassen frei.

Die Madonna mit den Trauben in der katholischen Kirche St. Lambert in Bockenheim ist zum Wahrzeichen der Deutschen Weinstraße geworden, ebenso wie die zahlreichen Vinotheken, die zum Verkosten und Genießen einladen wie die Alex Weinlounge in Herxheim am Berg.

Der Römerplatz in Bad Dürkheim ist kulinarisches Zentrum der Stadt und Treffpunkt für Genießer, besonders am späten Samstagmittag nach dem Wochenendeinkauf.

Im 16. Jahrhundert bauten die Grafen von Leiningen die Hardenburg bei Bad Dürkheim zu einer imposanten Renaissance-Residenz aus, deren Überreste man heute fast das ganze Jahr über besichtigen kann.

BEI KENNERN HAT DER WEINORT KALLSTADT EINEN KLINGENDEN NAMEN.

für Bad Dürkheim keine wirtschaftliche Bedeutung mehr. Ein findiger Geschäftsmann lässt aber seit einigen Jahren wieder Salz sieden und verkauft es als »Dürkheimer Gold« in kleinen Gläsern.

ERFOLGREICHE AUSWANDERER

Vermutlich wird die neue Salzproduktion in Bad Dürkheim aber eher eine Liebhaberei bleiben, eine Reminiszenz an vergangene Zeiten, und nicht zum Welterfolg führen. Anders als die Produktion der Firma Heinz, die in den USA einen Anteil von 60 Prozent und in Europa einen Anteil von 80 Prozent am Ketchup-Markt hält. Der Vater des Firmengründers war Anfang des 19. Jahrhunderts aus Kallstadt, wenige Kilometer nördlich von Bad Dürkheim gelegen, ausgewandert und suchte in Amerika neue Herausforderungen. Ebenso wie der Großvater des früheren US-Präsidenten Donald Trump. Friedrich Trump verließ Kallstadt Ende des 19. Jahrhunderts, machte in Amerika mit Gaststätten und Immobilien sein Geld, wollte dann aber wieder zurück nach Deutschland, genauer nach Bayern. Dort bekam er allerdings keine Aufenthaltsgenehmigung, vermutlich weil er als Mann im wehrpflichtigen Alter das unter bayerischer Verwaltung stehende Kallstadt ohne Genehmigung verlassen hatte. Im Juli 1905 mussten er und seine pfälzische Frau wieder aus Deutschland abreisen, drei Monate später wurde Donald Trumps Vater in Amerika geboren.

TRADITIONSREICHE WEINGÜTER

Bei Weinkennern hat das kleine Dorf Kallstadt noch aus anderen Gründen einen klingenden Namen. Die Weinlage »Kallstadter Saumagen« liegt am westlichen Rand des Ortes und zählt zu den besten in Deutschland. Bewirtschaftet wird der Weinberg mit seinen 40 Hektar Rebfläche seit 1810. 300000 Flaschen »Saumagen« werden jährlich abgefüllt und sind heiß begehrt. Warum die Lage so heißt wie die Pfälzer Wurstspezialität, weiß keiner so genau, vielleicht weil der Umriss der Lage auf der Karte einem Saumagen ähnelt. Am ersten Septemberwochenende bei der Saumagen-Kerwe kann man sich durch die Spezialitäten im Glas und auf dem Teller durchprobieren.

Kallstadt zählt zur Mittelhaardt, dem nördlichen Teil des Weinanbaugebiets Pfalz, das auf eine lange Tradition zurückblicken kann. Bürklin-Wolf in Wachenheim begann mit dem Weinbau schon Ende des 16. Jahrhunderts, Bassermann-Jordan in Deidesheim, Acham-Magin in Wachenheim und Müller-Catoir in Neustadt im 18. Jahrhundert, Knipser in Laumersheim sowie von Winning und

Zu den am häufigsten fotografierten Rathäusern in Deutschland zählt mit Sicherheit das barocke Gebäude in Deidesheim (rechts). Die Glasfenster des Ratssaales sind eine Spende der Weingüter Buhl und Bassermann-Jordan und stammen aus dem beginnenden 20. Jahrhundert (rechts Mitte).

Kenner der Saumagen-Szene nehmen weite Wege auf sich, um bei Metzger Hambel in Wachenheim die Pfälzer Spezialität im Original oder in Variationen zu kaufen. Natürlich gibt es dort auch die Pfälzer Bratwurst und die Pfälzer Leberknödel.

Im Kellergewölbe des Deidesheimer Rathauses findet sich eine umfangreiche Flaschensammlung, Teil des Museums für Weinkultur.

Sekt aus Wachenheim hat Tradition. Zwar gibt es noch die alten Rüttelbretter im Keller, aber die eigentliche Produktion auf Schloss Wachenheim ist heute auf dem neuesten technischen Stand. Regelmäßig kontrolliert Betriebsleiter Johannes Reiter das Hefedepot in einer Sektflasche.

Buhl in Deidesheim produzieren seit dem 19. Jahrhundert ihre renommierten Weine. Wer als Weintrinker Ende des 19. und Anfang des 20. Jahrhunderts etwas auf sich hielt, musste vor allem Riesling der drei großen Bs im Keller haben: Bürklin, Bassermann, Buhl.

Heute ist das Angebot hochwertiger Weingüter an der Mittelhaardt noch weit größer. Einige gehören dem Verband der Prädikatsweingüter (VDP) an, der rund 200 Mitglieder in ganz Deutschland hat. Um diese Mitgliedschaft kann man sich nicht bewerben, sondern man wird berufen, indem man durch Qualität auf sich aufmerksam gemacht hat. Im Schatten dieser großen Namen der Weinwelt hatten es die kleineren Weingüter deutlich schwerer, sich zu entwickeln als in anderen Regionen. Sie standen eher in dritter oder vierter als in zweiter Reihe. Doch das hat sich in den vergangenen Jahren deutlich geändert. Die junge Generation, die nicht nur in der Südpfalz mit Kraft nachwächst, macht auch an der Mittelhaardt auf sich aufmerksam. Da ist es manchmal gar nicht schlecht, einen großen Ortsnamen im Hintergrund zu haben.

ZWISCHEN WALD UND WEIN

Dem Pfälzerwald verdanken Winzer und Touristen das milde Klima an der Weinstraße. Er hält Frost, Wind und zu viel Regen ab und schafft damit nicht nur das richtige Weinklima, sondern vor allem von Frühjahr bis Herbst beste Bedingungen für einen erholsamen Urlaub. Durch die Weinberge führen zahlreiche Wanderwege hinauf in den Pfälzerwald, hin zu urigen Hütten mit fantastischen Aussichten. Wer länger unterwegs sein will, nimmt am besten den Pfälzer Weinsteig, einen Premiumwanderweg, der zwar immer wieder knackige Anstiege hat, aber auf den naturbelassenen Pfaden und Felsenwegen nie langweilig wird. 159 Kilometer ist der Steig lang, der in Bockenheim entspannt mit einer Etappe vor allem durch die Weinberge beginnt und in Schweigen nach vielen Burgen und Aussichtspunkten am Deut-

Wegen der markanten Form nennt der Volksmund den Flaggenturm im Hintergrund »Kaffeemühle«. Den ältesten Aussichtsturm der Pfalz haben Bad Dürkheimer Bürger im Jahr 1854 gespendet.

Eine Vorahnung von Frühling schenken die rosa Mandelblüten den Besuchern der Weinstraße, wenn es anderswo noch kalt und kahl ist. Das mediterrane Klima lässt die Bäume manchmal schon Anfang März erblühen.

Der Pfälzer Mandelpfad führt auf rund 100 Kilometern von Bockenheim bis Schweigen-Rechtenbach an blühenden Bäumen vorbei. Bei Maikammer, Rhodt und Birkweiler sind zusätzlich kleinere Rundwege ausgeschildert.

Auch die Mandelblüte will ausgiebig gefeiert werden. Während der rosa Wochen bieten Restaurants Mandelmenüs und Cafés Mandeltorten an, und in Gimmeldingen wird die Mandelblütenkönigin gekrönt.

Rund um den Marktplatz von Neustadt an der Weinstraße ist immer etwas los. Im Scheffelhaus hat der Dichter Joseph Victor von Scheffel 1865 einen Wein genossen, den er im Gedicht »Der Fünfundsechziger« verewigte.

WEIN SOLLTE NACH DEM BODEN SCHMECKEN, AUF DEM DIE TRAUBEN GEWACHSEN SIND.

schen Weintor endet. Wem diese elf Etappen zu viel sind, sucht sich einfach einzelne Abschnitte aus. Etwa von Bad Dürkheim nach Deidesheim mit Rast in der urigen Gaststätte auf der Wachtenburg, hoch über Wachenheim. Auf dem weiteren Weg führt der Weinsteig am höchst gelegenen Weingut der Mittelhaardt vorbei, dem Odinstal. Tal ist vielleicht nicht ganz die richtige Bezeichnung. Es ist eher eine Aue im Wald, wo in 350 Metern Höhe Trauben reifen, und zwar so, wie sie wollen. Die Reben werden entweder nicht oder behutsam ihrem Wuchs entsprechend geschnitten. Die Trauben reifen später, bis zu 20 Tage länger als in der Ebene.

Der Winzer Andreas Schumann vertritt die These, dass ein Wein nach dem Boden schmecken sollte, auf dem die Trauben gewachsen sind und dass dies am besten mit bio-dynamischer Bewirtschaftung gelingt. Der Erfolg seit 2004 gibt dem konsequenten Winzer Recht.

DEMOKRATISCHE WURZELN

So experimentierfreudig die Pfälzer Winzer bei Wein und Sekt auch sein mögen, ein Marketinginstrument haben sie seit 1931 beibehalten: die Wahl der Pfälzer Weinkönigin in Neustadt an der Weinstraße, einem der Zentren im deutschen Weinbau. Rund um den Marktplatz der fast 750 Jahre alten Stadt schmecken edle Tropfen und solide Schorle besonders gut. Mit Blick auf die gotische Stiftskirche mit ihren beiden unterschiedlichen Türmen, das barocke Rathaus und das Scheffelhaus, das älteste am Marktplatz. In dem 1580 im Renaissancestil erbauten Giebelhaus versammelten sich im Vormärz die Kämpfer für die Demokratie, und ab 1859 wurde an jener Stelle, wo heute Wein und Pfälzer Spezialitäten serviert werden, revolutionäre Literatur verkauft. Bedarf bestand dafür in Neustadt, liegt doch das Hambacher Schloss, die Wiege der deutschen Demokratie und europäisches Kulturerbe, gerade mal fünf Kilometer oberhalb der Stadt. »Hinauf, hinauf zum Schloss« war der Ruf der Revolutionäre, und so heißt auch die abwechslungsreich und modern gestaltete Ausstellung zur deutschen Demokratiegeschichte auf dem Schloss.

UFF PÄLZISCH

Dienstags, samstags und von April bis Oktober auch donnerstags ist ein Besuch auf dem Neustadter Wochenmarkt so etwas wie ein Bad in pfälzischer Sprache.

In Neustadts Mittel- und Hintergasse stehen noch viele Fachwerkhäuser, oft mit einem Gastronomiebetrieb, darunter das »Gerberhaus« und auch »Die Herberge«, die älteste Weinstube Neustadts.

In den gemütlichen Weinstuben wie hier in Neustadt werden die Gäste schnell zu Freunden. Und manche bleiben lange sitzen.

Küche auf höchstem Niveau bietet das Restaurant »Urgestein« im idyllischen Steinhäuser Hof. Im ehemaligen Marstall wird Sterne-Küche unter einer Kreuzgewölbedecke serviert.

Weite Blicke über Weinberge bis zum Rhein und darüber hinaus haben die Besucher von der Terrasse des Hambacher Schlosses aus.

Natürlich können die Pfälzer auch ordentlich schimpfen oder »knoddere«, aber meist klingen ihre Worte und Sätze sehr melodisch und strahlen irgendwie Fröhlichkeit aus.

Eine heitere Gelassenheit, die gut zu den alten Gassen in Neustadt passt, der Mittel- und der Hintergasse, der Metzgergasse mit einem der ältesten Fachwerkhäuser der Pfalz und der Kunigundenstraße. Und eine Verschmitztheit, die auch im Fabelwesen der Elwedritsche Ausdruck findet. Überall in der Pfalz. In Neustadt hat ihnen der Bildhauer Gernot Rumpf auf dem Marstallplatz eine Art Denkmal gesetzt. Zehn dieser Fabelwesen aus Ente, Huhn, Rabe und Elfe in unterschiedlichen Entwicklungsstadien treiben am Elwedritschebrunnen ihren Schabernack.

Jetzt mag das »Pälzische« für den Nicht-Pfälzer überall ziemlich gleich klingen, aber es ist nicht gleich. Auch da gibt es Unterschiede zwischen Nördlicher und Südlicher Weinstraße. In Freinsheim, einem zauberhaften Städtchen bei Bad Dürkheim, wird Vorderpfälzisch gesprochen, auf Wunsch auch bei Stadtführungen in der barocken Altstadt oder beim Krippenspiel in der Vorweihnachtszeit. Der Pfarrer Otmar Fischer aus Weisenheim am Berg wurde durch seine zweimal im Jahr auf Pfälzisch gehaltenen Predigten überregional bekannt.

Simultankirchen

Special

Zwei Konfessionen, eine Kirche

Ist das nun eine katholische oder eine evangelische Kirche?
Mehr als 60 Simultankirchen gibt es in Deutschland, die Katholiken und Protestanten gemeinsam nutzen. Fast die Hälfte dieser Gotteshäuser steht in Rheinland-Pfalz. Eines der größten in Neustadt an der Weinstraße. Die Stiftskirche wird seit 1698 simultan genutzt. Im Jahr 1705 legte die kurpfälzische Religionsdeklaration fest, dass in den simultan genutzten Gotteshäusern eine Trennmauer eingezogen werden soll. In der Regel erhielten die Katholiken den Chor und die Protestanten das Kirchenschiff. In Neustadt sollte die trennende Mauer 2009 wieder abgebaut werden, doch auf protestantischer Seite befand sich ein wertvolles Mosaik. Im Übrigen hatten sich die Kirchenteile sehr unterschiedlich entwickelt – würde die Mauer heute entfernt, stünde dem schlichten protestantischen Kirchenschiff ein üppig gestalteter Barockchor gegenüber. In der Laurentiuskirche in Dirmstein dagegen wurde keine Trennmauer eingezogen, dort wurde die Kirche von vornherein als Doppelkirche wie ein Doppelhaus gebaut. Das sparte Platz und Geld.

Die Stiftskirche in Neustadt

Links: »Hinauf, hinauf zum Schloss« hieß der Ruf, dem demokratisch gesinnte Menschen 1832 folgten. Vom Hambacher Fest gingen wichtige Impulse für die Entwicklung der Demokratie in Deutschland aus, die in einer sehr abwechslungsreichen Ausstellung dokumentiert ist.

Unten: Im Restaurant 1832 kann man sich vor oder nach dem Ausstellungsbesuch stärken und den Blick ins Rheintal genießen.

Oben: Das beschauliche Hambach, Ortsteil von Neustadt, war 1832 Startpunkt für den Marsch aufs Schloss.

Rechts: Die Hüte nehmen die Besucher mit in die Zeit des Hambacher Festes. Über Hörszenen wird Vergangenheit lebendig.

Junge Winzer

RECHT UNKOMPLIZIERT

Weinkenner sind begeistert von dem, was da in der Pfalz heranreift. Nicht nur von den Weinen in den Fässern, sondern vor allem von den jungen Winzerinnen und Winzern, die mit einer unglaublichen Energie und fundiertem Wissen sehr qualitätsvolle Weine in die Gläser bringen.

Mit Leidenschaft im Weinberg: junge Winzer wie Florian Geisser in Schweigen

Kathrin Otte in Deidesheim, Georg Meier in Weyher und Florian Geisser aus Schweigen sind drei aus dieser neuen Winzergeneration in der Pfalz. Alle sind in die elterlichen Weingüter eingestiegen und wollen auf der Tradition aufbauend neue Wege gehen. Das beginnt schon beim Marketing. Setzten die kleineren Betriebe in der Vergangenheit stark auf die Endverbraucher, denen sie auch einmal im Jahr die Weine direkt an die Haustür lieferten, so sind für die jungen Winzer vor allem Weinhandel und Gastronomie attraktive Geschäftspartner. »Klar sollen die Kunden, die schon bei meinem Opa Wein gekauft haben, diesen auch weiter bekommen, aber ich will und muss auch den Handel weiter ausbauen«, sagt Georg Meier. Für die Endverbraucher hat er einen urigen und zugleich modernen Gutsausschank im Zentrum von Weyher gebaut. Das südlich von Neustadt a. d. Weinstraße gelegene 500-Seelen-Dorf liegt fantastisch in den Weinbergen.

GESUNDE TRAUBEN FÜR QUALITÄT

In Deidesheim direkt an der Weinstraße, mitten im touristisch stark beachteten Ort, kommt praktisch jeder am schönen alten Haus des Weinguts Mehling mit der modern gestalteten Vinothek vorbei. Der Name Deidesheim sei ein Türöffner bei Weinpräsentationen, bestätigt die Jungwinzerin Kathrin Otte. Dennoch muss am Ende die Qualität überzeugen. Und an dieser arbeitet Kathrin Otte gemeinsam mit ihrem Lebensgefährten Christoph Knäbel intensiv. 2007 haben die beiden ihren ersten Weinberg bepflanzt und 2011 den ersten komplett spontan vergorenen Jahrgang gekeltert. Denn darauf soll es in Zukunft hinauslaufen. Wichtigste Voraussetzung für eine gelungene Spontanvergärung sind gesunde Trauben. »Der Wein entsteht im Weinberg und jeder Weinberg ist anders, was man auch bei der Lesetechnik berücksichtigen muss«, erklärt die Winzerin mit einem Bachelorabschluss in Weinbau und Oenologie und mit großer Leidenschaft für das, was sie tut. Kathrin und Christoph bevorzugen einen sanften Rebschnitt, der das natürliche Wachstum des Weinstocks berücksichtigt. Das braucht Zeit und sieht

Große Sorgfalt bei der Weinlese. Kathrin Otte sorgt mit Christoph Knäbel vom Weingut Mehling das ganze Jahr über für gesunde Trauben.

Die Leidenschaft für den Riesling verbindet Kathrin Otte aus Deidesheim und Georg Meier aus Weyher.

vielleicht nicht so »ordentlich« aus wie die klassische Erziehung der Reben. »Meine Eltern haben bereits in den 1980er-Jahren kontrolliert umweltschonend gearbeitet, sodass die Umstellung auf ökologischen Weinbau bei uns keinen riesigen Unterschied machte«, sagt Kathrin Otte.

KOLLEGEN, NICHT KONKURRENTEN

Während Kathrin Otte mit dem Wein aufgewachsen ist und auch Weinprinzessin war, übernahmen die Eltern von Georg Meier den Betrieb vom Großvater erst, als er zehn Jahre alt war. Georg Meier machte seinen Weinbautechniker und begann, im Keller des elterlichen Weinguts mitzuarbeiten. 2011 nahm er am ersten Wettbewerb für Nachwuchs-Winzer in der Südpfalz teil – und gewann. 2012 wurde er zweiter, 2013 wieder erster, 2014 zweiter, ebenso 2015 und wurde gleichzeitig im Wettbewerb »Junge Südpfalz – da wächst was nach« ausgezeichnet. Mutter Barbara hatte ihren Sohn auf die Idee gebracht, an dem Wettbewerb teilzunehmen. »Ich habe durch die ›Junge Südpfalz‹ sehr, sehr viel gelernt und bin sehr dankbar für die Zeit«, sagt Georg Meier. Gelernt hat er viel über Marketing und wie wichtig ein Netzwerk ist. Deshalb ist er froh, bei »Generation Pfalz« dabei gewesen zu sein, einer Initiative, die 20 junge Winzer für ein Jahr bei Weinpräsentationen deutschlandweit unterstützt.

JEDER RIESLING IST ANDERS

Gepflanzt werden Reben, die zum Boden passen. In der Pfalz sind das viele verschiedene Böden, Kalkböden, die mit Burgundersorten harmonieren, Buntsandstein- oder Granitlagen für den Riesling. Jeder vierte Rebstock in der Pfalz trägt Rieslingtrauben, damit ist die Region noch vor der Mosel das größte Rieslinganbaugebiet der Welt. Langweilig? »Riesling ist gleich Riesling ist Unsinn«, widerspricht Kathrin Otte. Jeder Riesling schmeckt anders, was sie und auch Georg Meier immer wieder in der »Generation Riesling« feststellen könnten, einem weiteren Netzwerk der Jungwinzer, das alle Anbaugebiete für Riesling in Deutschland umfasst. Flaschen untereinander zu tauschen, um zu sehen, wie die anderen ihren Wein ausbauen, das gefällt der Winzerin aus Deidesheim. Vor 15 Jahren war sie dabei, als junge Winzer »WineChanges« gründeten, um gemeinsam bei Messen aufzutreten, aber auch um sich gegenseitig zu beraten. Eine Kollegialität unter Mitbewerbern, die es so davor noch nicht gab. Kathrin Otte, Florian Geisser, Georg Meier und viele andere Jungwinzer aus der Pfalz stehen nicht nur für unkomplizierte Weine, sondern auch für einen unkomplizierten Umgang miteinander.

Informationen

Weingut Geisser: Längelsstr. 1, 76889 Schweigen-Rechtenbach, Tel. 06342 75 02, www.weingut-geisser.de

Weingut Meier: Hübühl 9, 76835 Weyher in der Pfalz, Tel. 06323 98 85 99, www.wein-meier.de

Weingut Mehling: Weinstr. 55, 67146 Deidesheim, Tel. 06326 274, www.weingut-mehling.de

Auch Jungwinzer Florian Geisser verbringt viel Zeit im Weinkeller, um das, was er im Weinberg vorbereitet hat, zur Vollendung zu bringen.

ALZEY
Alzeyer Hügelland
Dittelsheim-Heßloch
Westhofen
OSTHOFEN
Bechtheim
Alsheim
KIRCHHEIM-BOLANDEN
Bolanden
Göllheim
Kerzenheim
EISENBERG (Pfalz)
GRÜNSTADT
Monsheim
Flörsheim-Dalsheim
WORMS
Bobenheim
Roxheim
Obrigheim (Pfalz)
Dirmstein
Laumersheim
Großkarlbach
Heßheim
Lambsheim
FRANKENTHAL (Pfalz)
Weisenheim am Sand
FREINSHEIM
Maxdorf
Erpolzheim
Birkenheide
Kallstadt
BAD DÜRKHEIM
Wattenheim
Carlsberg
Altleiningen
Hettenleidelheim
Ramsen
Enkenbach-Alsenborn
Hochspeyer
Frankenstein
Weidenthal
Naturpark
Pfälzerwald
Elmstein
LAMBRECHT (Pfalz)
WACHENHEIM an der Weinstraße
Friedelsheim
Ellerstadt
Fußgönheim
Schauernheim
Dannstadt
Mutterstadt
Limburgerhof
Niederkirchen bei Deidesheim
DEIDESHEIM
Meckenheim
Hochdorf-Assenheim
Böhl-Iggelheim
SCHIFFERSTADT
Haßloch
NEUSTADT an der Weinstraße
Maikammer
EDENKOBEN
SPEYER
Dudenhofen
Harthausen
Hanhofen
Deutsche Weinstraße
Deutsche Alleenstraße
Maßstab 1:200.000
0 2 4km
1
2
3
4

ES GEHT AUCH OHNE HEKTIK

Zwischen Bad Dürkheim und Neustadt an der Weinstraße erstreckt sich das sehr renommierte Weinbaugebiet der Mittelhaardt. Dort ist sozusagen der Weinadel zu Hause. Das milde Klima lässt nicht nur Trauben reifen, es prägt auch die Menschen. Sie feiern das ganze Jahr über, gerne gemeinsam mit Gästen.

1 Grünstadt

Inmitten des Leininger Landes liegt Grünstadt (14 000 Einw.), Einkaufszentrum für die Region mit schöner Fußgängerzone. Die Leininger Grafen residierten dort ab 1700 und hinterließen der Stadt barocke Gebäude.

SEHENSWERT
Die **Martinskirche** ist das Wahrzeichen von Grünstadt, und ihr 60 Meter hoher Turm schon von Weitem zu sehen. Das jetzige Gebäude entstand überwiegend Anfang des 18. Jh. und ist Beispiel für die repräsentativen protestantischen Predigtkirchen dieser Zeit. Sie steht am südlichen Ende der Fußgängerzone, an deren Nordseite das **alte Rathaus** liegt, wo samstags auch der Wochenmarkt stattfindet.

UMGEBUNG
Bockenheim, am Beginn der Deutschen Weinstraße, ist im 12. Jh. um eine Burg der Grafen von Leiningen herum entstanden. Bevor sich die Leininger Grafen in Grünstadt niederließen, lebten sie auf den Burgen Alt- und Neuleinigen, die 1690 im Pfälzischen Erbfolgekrieg zerstört wurden. Auf **Altleiningen** ist heute eine Jugendherberge mit Burgschänke, im ehemaligen Hauptgraben der Burg ein öffentliches Freibad (Mai–Sept. 9.00–19.00 Uhr). **Neuleiningen**, um 1240, ist als Rechteck mit starken Türmen in den Ecken erbaut. In einem Turm ist heute ein historisches Museum untergebracht (April–Okt. 2. und 4. So., Fei. 13.00–17.00 Uhr). Im Sommer Open-Air-Konzerte, am 1. und 2. Adventswochenende romantischer Weihnachtsmarkt. Ein Städtchen zum Bummeln und um die Zeit zu vergessen ist **Freinsheim** **TOPZIEL** (12 km südl.) mit seiner mittelalterlichen Stadtmauer, schönen Geschäften und vielen Restaurants, Weinstuben und Cafés.

RESTAURANT
Im Sandsteingewölbe unter der Neuleininger Burg im Stil des 16. Jh. und im Burggarten bieten die Köche der **€€ Burgschänke** Pfälzer Gerichte und vielfältige Fleischvariationen an (Kirchengasse 14, 67271 Neuleiningen, Tel. 06359 29 34, tgl. 17.30–23.00, So.–Di., Do., Fr. auch 12.00–14.00 Uhr).

Die moderne Alex Weinlounge in Herxheim am Berg, Klosterruine Limburg und das Riesenfass in Bad Dürkheim: Kontraste an der Weinstraße.

INFORMATION
Touristinformation, Hauptstr. 84, 67269 Grünstadt, Tel. 06359 9 29 72 34, www.gruenstadt.de

2 Bad Dürkheim

Mit der Kurstadt Bad Dürkheim (18 500 Einw.) beginnt die berühmte Weinlage der Mittelhaardt, die sich besonders durch gehaltvolle Rieslinge einen Namen gemacht hat. Anfang September kommen weit mehr als eine halbe Million Menschen zum Wurstmarkt, einem der größten Weinfeste, nach Bad Dürkheim.

SEHENSWERT
Der Wurstmarktplatz ist ein guter Ausgangspunkt für einen Stadtrundgang. Der riesige Parkplatz grenzt an den **Gradierbau,** Teil der ehemaligen Saline. Über dessen Wände aus Reisig rieselt Salzwasser, das in Sonne und Wind verdunstet und somit die Salzkonzentration erhöht. Die Solepartikel in der Luft erleichtern das Atmen. Über den Kurpark kommt man zur **Kirche St. Ludwig** und zum **Kurhaus** mit Spielbank (tgl. ab 13.00 Uhr). Der **Römerplatz,** das Zentrum des Ortes mit Restaurants und Cafés, heißt nach dem 1495 gebauten **Rathaus** (Römer). Über den Stadtplatz geht man zum **Obermarkt,** wo seit dem Mittelalter Markt abgehalten wird (Mi. und Sa. 7.00–13.00 Uhr). Weiter führt der Weg zur **Schlosskirche,** die bei der jüngsten Renovierung im Innern dem frühgotischen Stil angepasst wurde.

MUSEEN
Das **Stadtmuseum** im Haus Catoir zeigt Dokumente zur Stadtgeschichte, zum Weinbau und zu Dürkheimer Künstlern (Römerstr. 20, www.bad-duerkheim.de; Di.–So. 14.00–17.00 Uhr). Im **Pfalzmuseum für Naturkunde** geht es um Geologie, Tier- und Pflanzenwelt der Pfalz, um ökologische Zusammenhänge und das Biosphärenreservat Pfälzerwald-Nordvogesen

(Hermann-Schäfer-Str. 17, www.pfalzmuseum.de; Di.–So., Fei. 10.00–17.00 Uhr).

ERLEBEN
Highlight des Dürkheimer Herbstes ist Anfang September der **Wurstmarkt** **TOPZIEL** (www.duerkheimer-wurstmarkt.de), Highlight des Dürkheimer Frühlings sind Anfang März die **Weinnächte.** Auf sechs Kilometern führt der Weg durch bekannte Lagen an mehr als 20 Winzern vorbei (www.weinbergnacht.de).

UMGEBUNG
Die Weinlage Weilberg haben vor fast 2000 Jahren schon die Römer genutzt, was man an Resten einer großen **Villa** und einer **Tretkelteranlage** sehen kann (4 km südl.). Das Haupthaus soll 150 Meter lang gewesen sein. Der Blick von diesem ganzjährig frei zugänglichen Freilichtmuseum über die Weinberge ist fantastisch. Das gilt auch für die **Ruine Hardenberg,** eine Mischung aus Schloss und Festung mit einer Ausstellung zur Geschichte der Burg und den Grafen von Leiningen, die sie als Wohnschloss nutzten (Mitte März–Okt. Do.–So., Fei. 10.00–17.00, Nov., Feb.–Mitte März Sa., So., Fei. 10.00–17.00 Uhr, Dez./Jan. geschlossen).

INFORMATION
Tourist Information, Kurbrunnenstr. 21c, 67098 Bad Dürkheim, Tel. 06322 93 5 45 00, www.bad-duerkheim.de

3 Deidesheim

In Deidesheim (4000 Einw.) sind die großen Namen der Weinwelt zu Hause. In dem als Denkmalzone ausgewiesenen historischen Stadtkern mit den kleinen Gassen und dem Schlossgarten geht alles ein bisschen langsamer, weshalb sich Deidesheim den Cittàslow-Städten angeschlossen hat, die sich zum Ziel gesetzt haben, den Menschen noch Mensch sein zu lassen.

Tipp

Die Sinne schärfen

Wie soll man nur bei dieser Fülle an guten Winzern den Wein finden, der zu einem selbst passt? Probieren geht über studieren, gewiss, aber ein bisschen »Weinwissen« kann auch nicht schaden. Dr. Steffen Michler bietet in Bad Dürkheim Weinsensorik-Seminare an, bei denen man seine Sinne für die Weinverkostungen schärfen kann.

MICHLERS WEINERLEBNISSE
Römerplatz 13, 67098 Bad Dürkheim, www.weinsensorik.de

Rund um die Stiftskirche hat Neustadt viele schöne Gassen (oben). Über Freinsheim wacht das Innere Eisentor (oben rechts). Gefeiert wird auch gern direkt in den Weinbergen (rechts).

SEHENSWERT
Das vermutlich meistfotografierte Haus von Deidesheim ist das barocke **Rathaus** in der Nähe des Marktplatzes. 1724 erhielt das Gebäude die prächtige zweiseitige Freitreppe mit Baldachin an der höchsten Stelle. Die Glasgemälde im Ratsherrensaal zeigen Szenen aus der Stadtgeschichte. Anfang des 20. Jh. spendeten Reichsrat Franz Buhl und Dr. Bassermann-Jordan das passende Mobiliar und die Fenster. Die **Pfarrkirche St. Ullrich** entstand Mitte des 15. Jh. und ist aus dieser Zeit der einzige größere Kirchenbau in der Pfalz. Die Spitze des Turmhelms neigt sich rund 25 Zentimeter nach Westen, sodass der Turm schief wirkt. Gegenüber auf dem Marktplatz steht der **Andreasbrunnen,** ein pfälzischer Eisengussbrunnen im Stil der italienischen Renaissance, vor dem **Deidesheimer Hof.** Helmut Kohl verhalf ihm zu Berühmtheit, indem er dort Staatsgäste aus aller Welt mit Saumagen bewirtete.

MUSEEN
Neben der »Kanne«, dem ältesten Gasthaus der Stadt, geht es zum **Deutschen Museum für Foto-, Film- und Fernsehtechnik** mit mehr als 5500 Exponaten von der Laterna magica über Rollbildkameras bis zu modernen Fernsehkameras (Weinstr. 33, www.3f-museum.de; Do. 10.00–16.00, Fr. 14.00–18.00, Sa., So., Fei.10.00–18.00 Uhr). Im **Museum für Weinkultur** im historischen Rathaus liegt der Schwerpunkt tatsächlich auf Weinkultur und nicht auf Weinbau (Marktplatz, www.weinkultur-deidesheim.de; Fr. 15.00–18.00, Sa. 14.00–17.00 Uhr).

ERLEBEN
Am Dienstag nach Pfingsten wird in Deidesheim ein Geißbock, also ein Ziegenbock, versteigert. Das geht auf eine alte Abmachung mit der Stadt Lambrecht zurück, wandelte sich aber schon im 19. Jh. zu einem Volksfest. Um 5.30 Uhr startet der **Geißbock-Marsch** in Lambrecht mit Bock, gegen 18.00 Uhr endet das Spektakel mit der **Versteigerung** des Bockes in Deidesheim.

HOTEL
Der **€€€ Deidesheimer Hof** bietet Gastlichkeit und Gastronomie auf hohem Niveau. Essen kann man im gehobenen Restaurant Schwarzer Hahn oder im Restaurant St. Urban (Am Marktplatz, 67146 Deidesheim, Tel. 06326 9 68 70, www.deidesheimerhof.de).

UMGEBUNG
Wahrzeichen von Wachenheim (4 km nördl.) ist die **Ruine Wachtenburg** aus dem 12. Jh. Im Burgmuseum sind archäologische Funde ausgestellt (Schlossgasse 29, ganzjährig geöffnet). Stärken kann man sich in der **Burgschänke** (Waldstr. 95, Tel. 06322 6 46 56).
Im **Schloss Wachenheim** ist die gleichnamige Sektkellerei zu finden (s. »Ja natürlich«). Daneben steht die **Simultankirche St. Georg,** eine spätgotische Kirche mit barocker Ausstattung. Dass bei Wachenheim schon die Römer siedelten, belegt das **römische Landgut** direkt an der B 271. Die »Villa rustica« war durch ein weitläufiges Herrenhaus, großzügige Badeanlagen und einen fast vollständig erhaltenen Keller gekennzeichnet, was heute alles an den freigelegten Grundmauern gut zu erkennen ist (frei zugänglich).

INFORMATION
Tourist-Information, Bahnhofstr. 5, 67146 Deidesheim, Tel. 06326 9 67 70, www.deidesheim.de

Tourist-Information, Weinstr. 15, 67157 Wachenheim an der Weinstraße, Tel. 06322 9 58 08 01, www.wachenheim.de

4 Neustadt an der Weinstraße

Neustadt (57 000 Einw.) ist die größte Stadt an der Deutschen Weinstraße und Zentrum des Deutschen Weinbaus.

SEHENSWERT
Die **Stiftskirche** (14. Jh.) am Marktplatz mit den beiden unterschiedlichen Türmen ist das Wahrzeichen der Stadt. Seit 1714 ist sie Simultankirche, d. h. das Langhaus ist evangelisch, der Chor katholisch, getrennt durch eine Mauer. Besonders beeindruckend die Fresken im Chorraum und im Paradies aus dem 15. Jh. (Turmführung Sa. 10.00, Kirchenführung Fr. 16.00 Uhr). Der Marktplatz ist das Herzstück der Stadt mit dem barockem **Rathaus** und dem **Scheffelhaus** (1580), benannt nach Victor von Scheffel, der es besungen hat. Über die schmale **Metzgergasse** mit einem der ältesten Fachwerkhäuser der Pfalz (Nr. 3, 1382) gelangt man in die Kunigundengasse und auf die Hauptstraße. Neustadt hat trotz einiger Bausünden nach 1945 eine schöne Altstadt, was sich auch in der **Mittel- und Hintergasse** zeigt. Am **Elwedritsche-Brunnen** auf dem Marstallplatz treiben die Pfälzer Fabelwesen vor allem im Sommer, wenn das Wasser läuft, allerhand Unfug.

MUSEEN
In einem kleinen Park liegt die Gründerzeitvilla Böhm mit **Stadtmuseum**, wo die Stadtgeschichte sehr modern gezeigt wird (Villenstr. 16b, www.stadtmuseum-neustadt.de; Mi. und Fr. 16.00–18.00, Sa. und So. 11.00–13.00 und 15.00–18.00 Uhr). **Otto Dill**, neben Max Slevogt der bekannteste Maler der Pfalz, ist ein Museum mit starken Tier- und Landschaftsbildern gewidmet (Manfred-Vetter-Str. 8, www.otto-dill-museum.de; Mi., Fr.–So. 14.00–17.00 Uhr). Lokomotivenfans kommen bei der Vielzahl der Ausstellungsstücke im **Eisenbahnmuseum** auf ihre Kosten. Von Mai bis Oktober fährt die Museumsbahn **Kuckucksbähnel** **TOPZIEL** sonntags nach Elmstein (Museum Schillerstr. 3, www.eisenbahnmuseum-neustadt.de; März–Mitte Dez. Mi.–Fr. 10.00 bis 13.00, Sa., So., Fei. 10.00–16.00 Uhr; Bahn Gleis 5, Bahnhof Neustadt, Mai–Mitte Okt. So. vormittags).

ERLEBEN
»Hinauf, hinauf zum Schloss« war nicht nur der Ruf der entschlossenen Demokraten, die 1832 zum **Hambacher Schloss** **TOPZIEL** zogen, das sollte auch heute für jeden Besucher der Region eine Aufforderung sein. Die Ausstellung im Schloss zeigt die Ereignisse rund um das Hambacher Fest 1832 in mehreren Abschnitten mit interessanten Mitmachstationen. Heute muss man nicht unbedingt hochlaufen, sondern kann auch das Auto nehmen (www.hambacher-schloss.de; April–Okt. tgl. 10.00 bis 18.00, sonst 11.00–17.00 Uhr). Im Ortsteil **Gimmeldingen** wird im Frühjahr eines der schönsten Mandelblütenfeste gefeiert. Wann genau, entscheidet sich nach dem Stand der Blüten, aber in der Regel im März. Da das Fest sehr beliebt ist, sollte man rechtzeitig anreisen.

INFORMATION
Tourist-Information, Hetzelplatz 1, 67433 Neustadt an der Weinstraße, Tel. 06321 9 26 80, www.neustadt.eu

DIE BESTEN FÜR DEN SEKT

Bitte nicht nippen. Wer einen Sekt genießen will, sollte sich nicht vornehm zurückhalten, sondern sich einen guten Schluck gönnen. Das richtige Sekttrinken ist nicht das Einzige, das man bei einer Führung durch die Keller von Schloss Wachenheim lernt.

Vor Ort wird nachvollziehbar, weshalb Schloss Wachenheim als eines der traditionsreichsten Sekthäuser in Deutschland gilt. 1888 gegründet, behauptet sich die Schloss Wachenheim AG weltweit unter den führenden Sektkellereien. In Wachenheim selbst werden die limitierten Editionen versektet.

Entscheidend für einen guten Sekt sind die Trauben. Angefaulte Beeren haben keine Chance, ins Fass zu kommen, wo in einem ersten Gärungsprozess aus Most Wein wird. Der Weg vom Wein zum Sekt führt über die zweite Gärung, angestoßen durch Zucker und Hefe, die Dosage. Die Hefe spaltet den Zucker in Alkohol und Kohlensäure und setzt sich in der liegenden Flasche langsam ab. Mindestens neun Monate. Um die Hefe aus der Flasche zu holen, rütteln Maschinen die Flaschen so lange, bis der Hefepfropf hinter dem Kronkorken sitzt. Bei minus 20 Grad wird der

Die Editionen der Sektkellerei »Schloss Wachenheim« kann man im Shop verkosten.

Flaschenhals gefroren. Beim Öffnen des Kronkorkens schießt der Pfropf heraus, die Flasche wird verkorkt, bekommt den typischen Drahtkorb, die Agraffe, eine Kapsel und eine schicke Halsschleife.

Der Sekt ist trinkbereit. Allerdings sollte man das Glas nur etwa zu zwei Dritteln füllen, damit sich die Blume richtig entfalten kann. Und dann bitte nicht nur nippen.

Schloss Wachenheim AG: Kommerzienrat-Wagner-Str. 1, 67157 Wachenheim, Tel. 06322 9 42 73 80, www.schloss-wachenheim-pfalz.de

Allgemeine Kellereiführung: nur mit Anmeldung (Tel. 06322 9 42 73 80), März–Okt. Do. 18.00, Sa., So., Fei. 15.00, Nov.–Feb. Sa. 15.00 Uhr

Südliche Weinstraße

*

VON DUBBE UND »KESCHDE«

*

Wer Pfalz sagt, meint in der Regel nur eine der vielen Regionen – die Weinstraße. Manche fokussieren den Blick noch stärker und haben das malerische Winzerdorf St. Martin vor Augen, die Theresienstraße in Rhodt, die Villa Ludwigshöhe, Mandelbäume bei Edenkoben, Burgen, Kastanienwälder und viele, viele Weinprobierstände.

Weinberge, so weit das Auge reicht, zeigt der Blick von der Kleinen Kalmit. Der Pfälzerwald gibt ihnen Schutz vor zu viel Wind und Regen.

Den Namen »Deutsche Weinstraße« erhielt der Landschaftsraum zwischen Rheinebene und Pfälzerwald im Jahr 1935, und zwar als Marketingmaßnahme. Mit dem Etikett »Deutsche Weinstraße« sollten die Winzer neue Absatzmärkte erschließen können. Das hat geklappt und gleichzeitig hat sich die Weinstraße zu einer Urlaubsregion entwickelt. Vor allem weinorientierte Kurzurlauber und viele Tagestouristen kommen, gerade an sonnigen Wochenenden. Montags stöhnen die Pfälzer dann über die »KaRaLuMas«, die überall Straßen, Wege und Weinstuben verstopften. Und das, obwohl die Ausflügler doch bereitwillig am Straßenrand Kartoffeln, Äpfel, Walnüsse, Kürbisse, Wein und Schnaps in den Kofferraum laden und damit für Umsatz sorgen. Meistens werden diese Klagen deshalb auch mit einem Augenzwinkern begleitet. KaRaLuMa? So nennen die Pfälzer die Tagestouristen mit den Autokennzeichen für Karlsruhe, Rastatt, Ludwigshafen und Mannheim.

BEEINDRUCKENDES FARBENSPIEL

Wer von Osten aus der Rheinebene Richtung Pfälzerwald fährt, hat ein beeindruckendes Panorama vor Augen. Aus der Ebene kommend, steigt man allmählich in die Vorbergzone der Haardt ein, was so viel wie »lichter Wald« bedeutet. Die

IM SOMMER SCHIMMERN DIE REBSTÖCKE IN VIELEN GRÜNTÖNEN.

langsam ansteigende Landschaft ist von Rebstöcken überzogen, die im Sommer in unglaublich vielen Grüntönen schimmern und im Herbst ein fantastisches Farbenmeer zaubern. Rund 200 Meter hoch liegen charmante Weinorte wie St. Martin oder Rhodt unter Rietburg, die sich an den oberen Rand der Haardt schmiegen, bevor diese weiter in den riesigen Pfälzerwald ansteigt. Wer an jenem Übergang zwischen Wein und Wald

Die Beschaffenheit des Bodens und die Pflege der Rebstöcke sind neben den klimatischen Bedingungen wesentlich für einen guten Wein.

Erfinderisch: Maikammer ist die Heimat des Klappmeters

Ob man den Wein sozusagen vor Ort wie beim Birkweiler Weinfrühling oder lieber in der warmen Stube in der Tanzgasse in St. Martin genießen möchte, bleibt in der Pfalz jedem selbst überlassen, getreu dem Motto »lewe und lewe lasse«.

Hoch über Rhodt und Edenkoben steht die Villa Ludwigshöhe, 1836 bis 1842 erbaut vom Großvater des bayerischen Märchenkönigs.

Ein Teil der Villa ist Max Slevogt gewidmet, einem impressionistischen Maler, der viel in der Pfalz gearbeitet hat und zeitweilig in Leinsweiler lebte.

Hochherrschaftlich fühlt es sich auf dem Balkon der Villa Ludwigshöhe an. Allerdings gelangt man dorthin nur bei Führungen.

Junge Künstlerinnen und Künstler zieht es heute ebenso in die Pfalz wie vor 100 Jahren. Rachel von Morgenstern, Stipendiatin in Edenkoben, zeigt die Ergebnisse ihrer Arbeit in einer Ausstellung.

unterwegs ist, auf dem Pfälzer Weinsteig oder einem der lokalen Wanderwege, hat an guten Tagen eine Sicht bis zum Schwarzwald und Richtung Nordosten bis zum Odenwald. Und von diesen guten Tagen gibt es viele, zu jeder Jahreszeit. 1800 Sonnenscheinstunden zählen die Meteorologen in der Pfalz und mit einer Durchschnittstemperatur von 11 Grad Celsius ist die Pfalz eine der wärmsten Regionen Deutschlands.

MACHTZENTRUM DER STAUFER

Diese angenehmen Temperaturen machten sicher auch das Leben auf den unbeheizten Burgen oberhalb der Weinorte etwas leichter. Auf alle Fälle sah man immer rechtzeitig, wer sich aus der Ebene oder von der Waldseite her näherte. Heute sind die Burgen meist Ruinen mit Gaststätte, was sie zu beliebten Ausflugszielen macht. Wie die Rietburg oberhalb von Rhodt, die Madenburg bei Eschbach, die Burg Landeck bei Klingenmünster mit dem am besten erhaltenen Bergfried der Pfalz und natürlich »die« Burg unter den Pfälzer Burgen, die Trifels bei Annweiler. Was man dort heute sieht, hat wenig mit dem zu tun, was im Hochmittelalter auf dem Fels als Gebäude stand, als die Trifels für zwei Jahrhunderte Reichsburg war, von 1113 bis wahrscheinlich 1310. Damals lagerten in der Burg auf dem riesigen Buntsandsteinfelsen die Reichskleinodien Krone, Zepter und Reichsapfel. Diese befinden sich heute im Kunsthistorischen Museum Wien, aber auf der Trifels sind detailgetreue Nachbildungen ausgestellt.

Die mittelalterliche Burg war als deutliches Zeichen kaiserlicher Macht erbaut worden, was vermutlich auch den bekanntesten der Gefangenen einschüchtern sollte. Der englische König Richard Löwenherz war drei Wochen auf der Burg gefangen, allerdings nicht bei Wasser und Brot, sondern eher als eine Art Gast. Als das englische Königshaus die geforderte hohe Lösegeldsumme bezahlt hatte, ließ Heinrich VI. den Kreuzfahrer wieder ziehen.

In den Winzerhöfen wie im Vinorant des Weinguts Fleischmann Krieger in Roth an der Theresienstraße bleibt es abends lange warm, wenn die alten Steinmauern langsam die gespeicherte Wärme des Tages abgeben.

DIE VIELFALT DER PFÄLZER GESTEINSARTEN SPIEGELT SICH IN DER VIELFALT DER WEINE WIDER.

»KESCHDE« ÜBER »KESCHDE«

Lange vor den Saliern und Staufern waren auch in dieser Gegend der Pfalz die Römer angekommen und brachten neben den Weinreben Kastanienpflanzen mit: »Keschde«, wie der Pfälzer sagt. Die Integration ist perfekt gelungen. Der Oktober ist der Hauptmonat der Kastanie. Da wird sie in vielen Orten gefeiert und taucht in Broten, Wildgerichten, Bratwürsten und natürlich auch im Saumagen auf. Und das nicht nur entlang des 60 Kilometer langen »Keschdewegs«. Auch die äußerst vielfältige Gastronomie der kleinen Universitätsstadt Landau hat dann »Keschde« auf der Karte. 8700 Studierende genießen die sehr persönliche Atmosphäre der ehemaligen Festungsstadt und verjüngen das Stadtbild enorm. Wer mal nicht im Wald oder zwischen Reben wandern will, kann rund um Landau in mehreren Parks spazieren gehen oder sich durch die zahlreichen alten Gassen mit interessanten Geschäften treiben lassen. Dienstags, donnerstags und samstags ist Wochenmarkt und an vielen Ständen merkt man, wie nah Frankreich liegt. Spezialitäten aus dem Nachbarland gehören so selbstverständlich ins Angebot wie Saumagen, Bratwurst oder Kartoffeln, hier besser bekannt als »Grumbeere«. Beim Stand vom Bäcker Becker gibt es das einzige Brot, das nicht mit Wasser, sondern ausschließlich mit Riesling gebacken ist.

WEINERLEBNISPFAD FÜR ALLE SINNE

Landau ist eine der größten weinbautreibenden Gemeinden Deutschlands, was aber weniger mit der Stadt selbst als mit den eingemeindeten Orten ringsum zu tun hat. Zum Beispiel mit Nußdorf und seinem außergewöhnlichen Weinerlebnispfad für alle Sinne. 13 Skulpturen und Objekte aus Holz, Stein und Stahl stehen zwischen den Reben und den Erklärtafeln zum Weinbau. Wahrzeichen ist eine riesige Stahlskulptur, die einen Pfad und eine Rebe symbolisiert. Das »terroir«, ein Tisch aus Stahlblech und Glas, verbindet Kunst mit Wissen. In den zehn Fächern unter der Glasplatte sind die Bodensorten zu sehen, die für die Südliche Weinstraße typisch sind. Diese Vielfalt der Gesteinsarten spiegelt sich in der Vielfalt der Weine wider. Immer mehr Winzer, nicht nur in Nußdorf, gehen dazu über, die perfekte Kombination aus Boden und Rebsorte zu suchen, um einzigartige Weine ins Glas zu bringen. Einige Winzer der Gemeinde schenken ab Pfingsten sonntags in den Weinbergen beim Erlebnispfad ihre Produkte aus. Da ist mancher froh, dass der zwei

Schloss Edesheim an der Südlichen Weinstraße, ehemals Sitz der Fürstbischöfe, ist heute ein guter Ort zum Entspannen.

Köstliche Kuchen und Torten im Café Ludwig 1 in Rhodt (oben). Detail einer historischen Jahrmarktsorgel beim Heimat- und Blütenfest in Rhodt (ganz oben)

An Pfingsten geht es rund in Rhodt. Beim Heimat- und Blütenfest ist jeder Winzer und jeder Verein dabei.

Sieht aus wie Mittelalter, ist aber eine Burg, die sich im Laufe der Jahrhunderte stark veränderte: die Burg Trifels bei Annweiler, einst Machtzentrum des Stauferreiches.

Ob original oder nicht, die Burg Trifels ist auf alle Fälle beeindruckend. Beim Stationentheater stellt ein Schauspieler König Richard Löwenherz dar, einst Gefangener auf der Burg. Der mächtige Kaisersaal reicht über mehrere Stockwerke.

Schöne Orte für eine Pause finden sich zahlreich entlang der Weinstraße.

Bäume und Burgen, Burgen und Bäume prägen den Pfälzerwald, der sich hinter der Weinstraße kilometerweit ohne Unterbrechung ausbreitet: Trifels, Anebos und Münz im Nebel.

Kilometer lange Weg ziemlich eben verläuft. Ende Januar, gleich wie kalt es ist, präsentieren die Nußdorfer in den Weinbergen beim »Erlebnis in Rot« ihre Spätburgunder, Merlot, Dornfelder und St. Laurent, aber auch wärmenden Glühwein. Ende Mai setzen sie den Kontrapunkt mit dem »Erlebnis in Weiß«. Und alles zusammen kann man in der Nacht der offenen Keller vor dem 3. Oktober verkosten.

KURBETRIEB NACH KNEIPP

Es sind diese kleinen weinbautreibenden Orte, die die Touristen in die Pfalz ziehen. Zugegeben, Städte gibt es auch nicht wirklich viele. Neben Landau ist Bad Bergzabern ein größerer Ort, wenn auch mit deutlich weniger Einwohnern als die Universitätsstadt. In Bergzabern liegt der Schwerpunkt auf dem Kurbetrieb. Seit 1963 trägt die Stadt den Titel »Bad«. Bergzabern ist ein Kneipp-Heilbad, was nicht zu übersehen ist.

Im Kurpark stehen die fünf Säulen der Kneipp'schen Gesundheitslehre: Wasser, Bewegung, Heilpflanzen, ausgewogene Ernährung und bewusste Lebensführung, erlebbar auf dem dort beginnenden Lehrpfad. Wer sich vor allem dem Element Wasser widmen möchte, ist in der Südpfalz-Therme direkt am Kurpark bestens aufgehoben. Die Therme liegt an einem vorgeschlagenen Rundgang durch die Stadt, der an allen Sehenswürdigkeiten vorbei und teilweise durch enge romantische Gassen führt. Man sollte allerdings auf diesem Weg bleiben, denn abseits dieser Route bietet die Stadt manchmal auch etwas ernüchternde Anblicke.

PFÄLZER LEBEN – UND DENKEN

Die Vielzahl an Cafés, Weinstuben, Wirtschaften, Restaurants und Vinotheken in Bad Bergzabern und allen anderen Pfälzer Orten wirkt wie eine Bestätigung des alten süddeutschen Spruches »Schwaben schaffen, Badener denken und Pfälzer leben«. Lebensart und Genießen kann in diesem Landstrich jeder lernen

Ein großer Festumzug gehört manchmal auch zu einem Weinfest, wie hier im September in Billigheim beim Purzelmarkt, dem ältesten Volksfest der Pfalz. Vom Oberen Tor geht es in historischen Verkleidungen zur Festwiese.

Auch moderne Gruppen nehmen am Umzug teil, als Verein, als Familie oder als Freundeskreis. Und jeder lässt sich ein Motto einfallen.

Im Zeichen der Wurst wird das Straßenvolk gegrüßt.

Hauptsache Spaß, für Groß und Klein.

»IN DER PFALZ GEHÖRT SIE IMMER DAZU (...): EINE GUT GEKÜHLTE, SPRITZIGE WEINSCHORLE, WAHLWEISE IM HEISS GELIEBTEN DUBBEGLAS ODER IN DER KLASSISCHEN WEINSTANGE – IMMER ABER ALS SCHOBBE.«

VielPfalz.de

und das muss nicht teuer sein. Es geht mehr um die Einstellung. Wie gesellig die Pfälzer sind, zeigt sich auch darin, wenn sich vier Leute ein Dubbeglas Weinschorle teilen. Gut, da ist ein halber Liter drin, aber es steht eben nur ein Glas für vier Leute auf dem Tisch. Ist es leer, holt einer das nächste, ist das leer ... Dabei steht nicht die Sparsamkeit im Vordergrund, eher die Frische des Getränks und auch die Geselligkeit. Dubbegläser haben in der Glaswand Vertiefungen, Dubbe genannt, angeblich weil die Metzger mit ihren meist fettverschmierten Fingern dann besser zugreifen konnten und nicht abrutschten. Kreative Menschen haben Dubbegläser aus Holz als Kerzenhalter, Eierbecher und sogar Tische weiterentwickelt.

Die Weiterentwicklung des Dubbeglases ist nur ein Beispiel für die kreative Vielfalt in der Pfalz. Schon immer haben sich Künstler gerne in der Region niedergelassen. Der Impressionist Max Slevogt malte die Pfälzer Landschaft in einzigartiger Weise. Ihm ist eine Galerie in der Villa Ludwigshöhe zwischen Rhodt und Edenkoben gewidmet. Das Künstlerhaus Edenkoben vergibt jährlich Stipendien an Autoren und Künstler, die dann in der Nähe zu den Weinbergen wohnen und arbeiten können. In der Nähe des Künstlerhauses startet der »Weg der Gedichte«, zehn Stahlstelen mit Poesie auf Plexiglas.

MANCHMAL IST ALLES ESSIG

Manches Mal ist auch Kunst, was aus den Trauben und anderen Früchten und Kräutern entsteht, die in der Pfalz reifen. Und damit ist ausnahmsweise mal nicht der Wein gemeint. Einige Winzer experimentieren erfolgreich mit Gin, Georg Heinrich Wiedemann, auch bekannt als der Schorsch Wiedemann aus Venningen, macht seit Jahrzehnten mit großem Erfolg aus den Trauben Essig, etwas, was die Winzer eigentlich fürchten. Aber sein Essig hat ziemlich wenig mit dem zu tun, was man gemeinhin darunter versteht. Jahrelang reift der Essig in den Holzfässern des »Doktorenhofs« in Venningen heran, bevor er als Edelweinessig für die Küche, zum Trinken oder als gesundheitsförderndes Mittel in spezielle Flaschen abgefüllt wird. Diese sind meist klein, denn dieser Essig ist nicht ganz billig. Fast ausschließlich von Hand wird er hergestellt, jetzt schon in der nächsten Generation.

Diese hat auch neue Namen für die süß-sauren Köstlichkeiten entwickelt wie »Engel küssen die Nacht« oder »Dein ist mein ganzes Herz«. Andere dagegen heißen »Vatermörder« oder »Ficus – die Feige«. Bei Führungen lassen die Wiedemanns und ihre Mitarbeiter die Leidenschaft für den Essig spüren und laden zur Verkostung ein. Manche kommen

Auch auf dem Platz vor dem Landauer Rathaus wird nicht nur beim Fest des Federweißen gerne gefeiert. Donnerstags verkaufen Händler der Region hier ihre Waren auf dem Wochenmarkt.

Weingenuss und gute Beratung verspricht die Vinothek Par-Terre in Landau.

Zeitgenössische Kunst zeigt die Städtische Galerie Villa Streccius in Landau.

Als schönstes Renaissancegebäude der Pfalz gilt das Gasthaus Engel in Bad Bergzabern.

Erholung in der Südpfalztherme in Bad Bergzabern, in direkter Nachbarschaft zum Kneipp-Lehrpfad.

Special

alla hopp

Dorado für alle Generationen

»Alla hopp!«, sagt der Pfälzer, wenn es losgehen soll. »Alla hopp!«, sagt die Dietmar-Hopp-Stiftung und lockt die Generationen auf ihre Spielplätze.

Kernstück aller 19 »alla hopp!«-Anlagen ist ein Bewegungsparcours, um Kraft, Ausdauer, Beweglichkeit und Koordination zu trainieren. Da geht es über Baumstämme oder riesige Kiesel, auf wackelige Holz- oder Seilbrücken, je nachdem, was sich die Macher vor Ort einfallen ließen, um Menschen in Bewegung zu bringen. Beraten hat sie dabei ein Expertenteam der Hopp-Stiftung.

45 Millionen Euro stellte die Stiftung für das Projekt zur Verfügung. Gemeinden in der Metropolregion Rhein-Neckar konnten sich bis Herbst 2013 mit einem geeigneten Grundstück bewerben. Wer den Zuschlag bekam, half beim Aufbau des Bewegungs- und Begegnungsparks mit und ist für die Erhaltung zuständig.

Hoch hinaus im Alla-Hopp-Park

Ein Einsatz, der sich gelohnt hat, denn auf den »alla hopp!«-Anlagen ist immer etwas los. Nicht nur bei Kindergeburtstagen. Auch Senioren kommen auf den Crosstrainern ins Schwitzen, springen Trampolin oder entspannen in den Hängematten. Zum Beispiel in Ilbesheim, Rülzheim, Edenkoben oder auch in Deidesheim, Speyer und Grünstadt.

immer wieder hierher, um die reine Essigluft in den Kellern zu genießen.

KURIOSITÄTEN AM RANDE

Von Venningen ist es nicht weit nach St. Martin, einem der Top-Touristik-Orte der Weinstraße mit seinen wunderschönen Winzerhöfen, Weinstuben und Gassen. Am besten man lässt das Auto am Ortsrand stehen und erobert das Dorf zu Fuß, was sich grundsätzlich für die Weinstraßenorte empfiehlt. Auch für Maikammer, wo schon am südlichen Ortseingang ein riesiger Klappmeter zeigt, dass dort technischer Sachverstand zu Hause ist. Dieses Metermaß, das in jedem Baumarkt zuhauf liegt, präsentierten die Maikammerer Brüder Franz und Anton Ullrich 1889 auf der Pariser Weltausstellung. Von Maikammer geht es auf die Kalmit, den höchsten Berg des Pfälzerwalds mit großartiger Fernsicht.

Nicht wundern, wenn sich eine größere Ansammlung von Radfahrern auf Klapprädern auf der Straße tummelt. Das ist wohl eine Trainingsfahrt für den Klapprad-Cup Anfang September, eine Riesengaudi. Jeder Cup steht unter einem Motto, nach dem sich die Teilnehmer verkleiden. Und dann geht's auf den echten Klapprädern der 1970er-Jahre mit den 20-Zoll-Rädern über sechs Kilometer und 540 Höhenmeter hinauf auf den Berg.

Die schönsten Terrassen der Pfalz

ESSEN MIT AUSSICHT

Hauptsache, es schmeckt, alles andere ist Nebensache – das kann man schon so sehen. Und es stimmt ja auch, dass die Qualität auf dem Teller und im Glas wichtig ist. Aber ein schönes Ambiente und besondere Aussichten steigern den Genuss und verschönern nicht nur die Wartezeit.

1 Alex Weinlounge

Herxheim am Berg ist der höchste Punkt an der Deutschen Weinstraße. Gut, nicht jeder würde bei 212 Metern über Normalnull von Höhe sprechen, aber das ist eben relativ. Am südlichen Ortsende, direkt an der B 271, zieht ein modernes Gebäude die Aufmerksamkeit auf sich. In der Alex Weinlounge, einer Vinothek mit Bistro, gibt es die Weine der Winzergenossenschaft und kleine Gerichte, manchmal auch Live-Musik. Und garantiert immer eine schöne Aussicht.

Alex Weinlounge, Weinstr. 1, 67273 Herxheim am Berg, Tel. 06353 9 32 56 30, alexweinlounge.de; Mi.–Fr. 15.00–22.00, Sa., Fei. 11.00–22.00, So. 11.00 bis 20.00 Uhr, keine Reservierung

2 Restaurant 1832

Hochwertige zeitgenössische Architektur kennzeichnet auch das Restaurant 1832, das sich hervorragend an das Hambacher Schloss anfügt. 1832 fand dort das »Hambacher Fest« statt, eine Demonstration für die Demokratie. Was damals geschah, führt die sehr sehenswerte Ausstellung im Schloss vor Augen. Wohin die Demokraten schauten, das sieht man von der Terrasse oder den Fenstern des Restaurant 1832. Und dieser Blick über die Weinberge in die Rheinebene lässt einen so schnell nicht mehr los, gleich ob die Sonne scheint oder der Nebel aus der Ebene langsam den Berg hochkriecht. Hin und wieder sollte man auf seinen Teller schauen, denn die regionalen Gerichte bieten Genuss fürs Auge und den Gaumen.

Restaurant 1832, Hambacher Schloss, 67434 Neustadt an der Weinstraße, Tel. 06321 9 59 78 80, www.hambacher-schloss-pfalz.de; April–Okt. tgl. 11.00–18.00 Uhr, Nov.–März tgl. 11.00 bis 17.00 Uhr, Winterpause im Februar

3 Weingut Anselmann

Unter alten Bäumen, neben Rosen und einem kleinen Teich oder unter der Pergola finden sich viele gemütliche Plätzchen auf der Terrasse des Weinguts Anselmann. Sonntags gibt es ein Frühstücksbuffet, ansonsten Pfälzer Gerichte, spanische Tapas und selbst gebackenen Kuchen. Freitagabends kommt die große Paellapfanne zum Einsatz. Pfälzer Klima, Pfälzer Weine und spanische Küche passen perfekt zusammen.

Weingut Anselmann, Staatsstr. 58–60, 67483 Edesheim, Tel. 06323 9 41 20, weingut-anselmann.de; Straußwirtschaft: Mitte Mai–Okt. tgl. ab 10.00 Uhr. Weinprobe und -verkauf tgl. 8.00–20.30, So. ab 9.00 Uhr. Für Frühstück und Paella Reservierung erforderlich

4 Picknick zwischen Reben

Wer sagt, dass man nur im Sommer ein Picknick machen kann? Die »Südliche Weinstraße« bietet auch im Winter Pakete mit Pfälzer Spezialitäten an, sowohl klassisch als auch vegetarisch. Man bestellt über den Webshop, holt Essen und Getränke ab und zieht in die Weinberge oder an den Waldrand, um bei bester Aussicht zu genießen: zum Beispiel beim Hoppeditzelhäusel auf dem Abtsberg westlich von Impflingen.

Die sommerliche Picknicksaison startet an Ostern, die winterliche am 1. November. Bestellungen unter www.suedlicheweinstrasse.de/suewpicknick

7 twentyone in Kaiserslautern

Lust auf Sonnenuntergang in Kaiserslautern? Das »twentyone« ist der Logenplatz für dieses Schauspiel. Auf der 21. Etage des Rathauses von Kaiserslautern gelegen, 80 Meter über dem Boden, öffnet sich der Blick weit über die Stadt zum Pfälzerwald – im Sommer auch von der Terrasse aus. Die Küche ist sehr vielfältig, sodass eigentlich jede und jeder etwas finden müsste.

twentyone, Willy-Brandt-Platz 1, 67655 Kaiserslautern, Tel. 0631 3 20 43 70, 21-lounge.de; So.–Do., Fei. 17.30–1.00, Fr., Sa. bis 2.00 Uhr

5 Winzerstube Weyher

Durch Weyher kommt man nicht einfach so per Zufall. Den Weinort muss man schon gezielt ansteuern. Und das sollte man auch unbedingt tun. An der Kirchgasse, in einem klassischen Pfälzer Haus mit Torbogen über der Hofeinfahrt, liegt die Winzerstube Weyher. Das Haus stammt aus dem 17. Jh. und ist innen in einem Mix aus alt und modern gestaltet. Aus Volker Krugs Küche kommen preiswerte und gute Überraschungsmenüs während der Woche, am Freitag ist das auf alle Fälle ein Fischmenü. Nicht jeder kann auf Anhieb sagen, ob er wegen der Küche nach Weyher fährt oder wegen der sensationellen Aussicht von der Terrasse der Winzerstube, auf der man »über den Weinbergen schwebt«.

Winzerstube Weyher, Kirchgasse 19, 76835 Weyher, Tel. 06323 98 78 18, volker-krug.de; Do., Fr., Mo. ab 17.30 Uhr

6 Burgschänke Madenburg

Bis zu 400 Personen finden auf den Bänken und an den Tischen der Burgschänke Madenburg Platz, allerdings nur im Freien. Innen sind es gerade mal 40. Aber wenn man den Rundblick von der Madenburg auf Rheinebene und Pfälzerwald genießen will, geht man in der Regel ja bei gutem Wetter zur Burgruine hinauf. Zur Belohnung gibt es neben der fantastischen Aussicht alle Pfälzer Klassiker wie Leberknödel, Saumagen, Bratwurst und Sauerkraut, aber auch Flammkuchen, denn das Elsass ist ja nicht mehr weit.

Burgschänke Madenburg, 76831 Eschbach, Tel. 06345 71 10, madenburg-pfalz.de; Mai–Okt. Mi.–So. 11.30 bis 19.00 Uhr, Nov.–April 11.30 bis 17.00 Uhr, im Sommer Mi. Funzelabende mit Laternen, freitags Livemusik

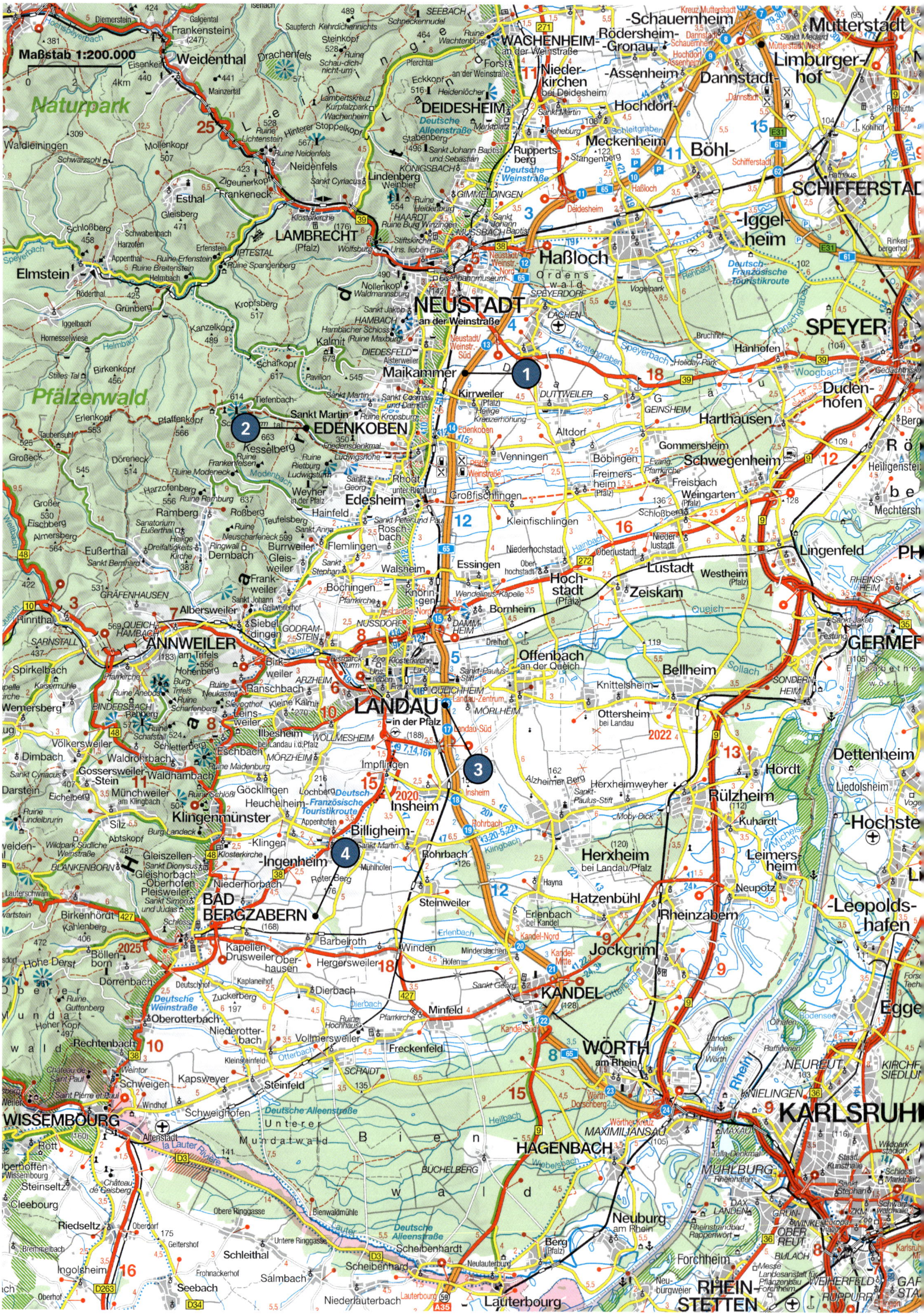

Maßstab 1:200.000
0
2
4km
Naturpark
Pfälzerwald
WACHENHEIM an der Weinstraße
DEIDESHEIM
Deutsche Weinstraße
Weidenthal
Elmstein
Esthal
LAMBRECHT (Pfalz)
NEUSTADT an der Weinstraße
Haßloch
SPEYER
Schifferstadt
Böhl-Iggelheim
Meckenheim
Mutterstadt
Limburgerhof
Dannstadt
Maikammer
Kirrweiler
EDENKOBEN
Edesheim
Lustadt
Lingenfeld
Germersheim
Hochstadt (Pfalz)
Zeiskam
Bellheim
Offenbach an der Queich
ANNWEILER am Trifels
LANDAU in der Pfalz
Insheim
Herxheim bei Landau/Pfalz
Rülzheim
Klingenmünster
Billigheim-Ingenheim
BAD BERGZABERN
Rohrbach
Hatzenbühl
Rheinzabern
Jockgrim
KANDEL
WÖRTH am Rhein
HAGENBACH
KARLSRUHE
WISSEMBOURG
Neuburg am Rhein
Lauterbourg
RHEINSTETTEN
Leopoldshafen
Dettenheim
Hochstetten
1
2
3
4

EIN ORT SCHÖNER ALS DER ANDERE

Die Südliche Weinstraße sucht die Nähe zum Pfälzerwald, der für das milde Klima der Region von großer Bedeutung ist. Gleichzeitig streckt sie ihre Fühler in die Ebene aus, um wie in Landau städtische Betriebsamkeit aufzunehmen. Von Bad Bergzabern aus ist es nicht mehr weit nach Schweigen und nach Frankreich.

1 Maikammer

Maikammer (4500 Einw.) ist neben Deidesheim die zweite Cittàslow-Gemeinde an der Weinstraße. Dies sind weltweit Orte in ursprünglichen Landschaften, wo Menschen noch Traditionen pflegen und das Leben genießen.

SEHENSWERT
Ein Bummel durch Maikammer führt an stattlichen Gutshäusern vorbei mit großen Torbögen und geschmückten Erkern. Der Wohlstand, den diese Gebäude aus Barock und Renaissance widerspiegeln, kommt aus dem Weinbau. Das milde Klima lässt früher als anderswo Mandeln, Rosen und Hortensien blühen und Kiwis, Zitronen und Feigen reifen. Im **mediterranen Garten** (Immengartenstr. 24) kann man sie alle bewundern. Am südlichen Ortseingang fragt auf einer Insel im Kreisverkehr ein Kunstwerk in Form eines riesigen **Klappmeters:** »Was ist das Maß aller Dinge?«, denn Maikammer ist die Heimat des Meterstabs. Im Ortsteil Alsterweiler liegt die **Mariä-Schmerzen-Kapelle** mit dem Maikammerer Altar (1445) und gotischen Tafelmalereien (Hauptstr. 5, Alsterweiler).

ERLEBEN
Über Maikammer erhebt sich die **Kalmit,** mit 673 Metern der höchste Berg im Pfälzerwald. Eine Kalmit-»Besteigung« sollte auf alle Fälle sein. Zu Fuß dem weiß-grünen Balken nach, der in ca. 2 Stunden zum Gipfel führt, allerdings dabei fast 500 Höhenmeter überwindet. Mit dem Rad geht es am Ortsausgang von Alsterweiler los über 5,75 Kilometer und 415 Höhenmeter zum Kalmit Parkplatz. Von dort ist es nicht weit zum **Kalmithaus,** einer Pfälzerwald-Hütte mit Blick bis zum Speyerer Dom.

UMGEBUNG
Einer der bekanntesten Orte der Weinstraße ist **St. Martin** (2,5 km westl.), weshalb sich zur Hochsaison die Touristen durch die Gassen drängen. Im Herbst ist der Ort verkehrsberuhigt. Der mittelalterliche Kern steht unter Denkmalschutz. Die **Pfarrkirche St. Martin** entstand um 700 als Wallfahrtskirche für den heiligen Martin, um 1200 als Steinbau. 1488 wurde der Turm angefügt und 1492 der Ostchor. Rund um die Kirche ist ein **Bibelgarten** angelegt. Wie wichtig der passende Boden für einen guten Wein ist, veranschaulicht der **Wein- und Steinlehrpfad**. 18 Rebsorten und das passende Gestein werden vorgestellt. Start ist am Bildhäusel am südlichen Ortseingang.

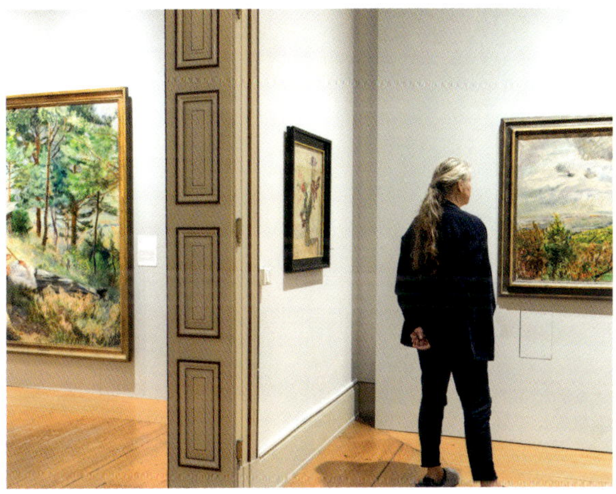

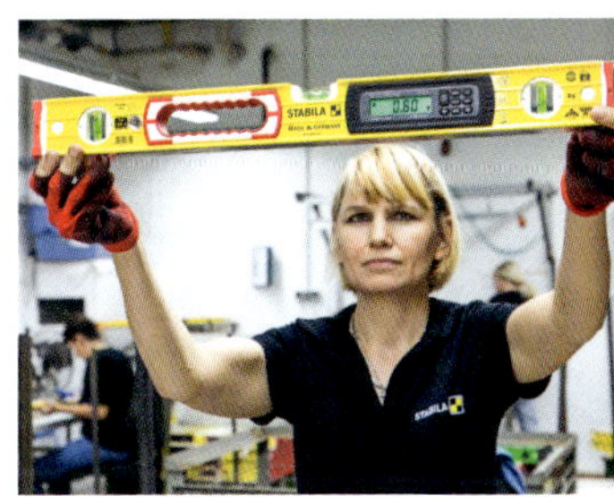

Oben links: Landschaftsbilder von Max Slevogt in der Villa Ludwigshöhe. Oben rechts: Reife Trauben an der Südlichen Weinstraße. Unten rechts: Stabila liefert Wasserwaagen aus Annweiler in die Welt.

INFORMATION
Büro für Tourismus, Weinstraße Süd 40, 67487 Maikammer, Tel. 06321 95 27 68, www.maikammer.de

2 Edenkoben

Dem bayerischen König Ludwig I. gefiel die Gegend um Edenkoben (6800 Einw.) besonders gut. Zwischen den Jahren 1846 und 1852 ließ er die Villa Ludwigshöhe oberhalb Edenkobens als Sommerresidenz erbauen.

SEHENSWERT
Um den Ludwigsplatz in der Altstadt mit einem Denkmal für den Bayernkönig verlaufen einige schöne Gassen. Direkt an der Weinstraße liegt das **Museum für Weinbau und Stadtgeschichte,** das sich auch dem Alltagsleben widmet (Weinstr. 107, www.museum-edenkoben.de; Mitte/Ende März–Dez. Mi. 10.00 bis 12.00, Fr. 15.00 –18.00, Sa., So. 14.00–17.00 Uhr). Oberhalb von Edenkoben liegt die **Villa Ludwigshöhe** **TOPZIEL**, die der Großvater des bayerischen Märchenkönigs Ludwig II. erbauen ließ. In den 62 Räumen sind heute u. a. Werke des Impressionisten Max Slevogt (1868–1932) ausgestellt. Die historischen Räume einschließlich imposanter Küche sind nur bei einer Führung zu besichtigen, bei der man auch auf den königlichen Balkon treten darf (Villastr. 64, 67480 Edenkoben, www.edenkoben.de/villa-schloss-ludwigshoehe; wegen

umfangreicher Renovierungsarbeiten vorauss. bis Mitte 2024 geschlossen).

ERLEBEN

Die einzige Sesselbahn der Pfalz, die **Rietburgbahn,** Talstation direkt hinter der Villa Ludwigshöhe, bringt einen in acht Minuten zur Burgruine, im Juli und August auch Lampionfahrten (www.rietburgbahn-edenkoben.de; Mitte März–Anf. Nov. tgl. 10.00–17.00/17.30, Mai–Okt. Sa., So., Fei. ab 9.30 Uhr).
Am Ortsrand von Edenkoben liegt eine der **»alla-hopp!«-Anlagen,** die zum Bewegen einladen. Einfach mal ohne Scheu die Geräte ausprobieren. Macht Spaß und tut gut.

UMGEBUNG

Am Ortsrand des zauberhaften Weinortes **Rhodt unter Rietburg** mit der weinüberrankten Theresienstraße liegt der **älteste Weinberg der Pfalz,** der Rhodter Rosengarten, er ist mehr als 400 Jahre alt. Stefan Oberhofer aus Edesheim bewirtschaftet ihn bis heute (www.weingutoberhofer.de). Über einen wunderschönen alten Hof geht es in das flache Gutsgebäude des **Doktorenhofs** in **Venningen**. Im Keller reifen feine Essige in Holzfässern heran, zum Trinken oder Kochen. Bei Führungen erfährt man noch mehr über die feinen Kinder der Essigmutter (Raiffeisenstr. 5, 67482 Venningen, www.doktorenhof.de; Führungen mit Degustation, Termine s. Website; s. auch »Urlaub erinnern«).

RESTAURANT

Herzhaftes für den kleinen Hunger, aber vor allem unglaublich feine Torten nach alten Familienrezepten bietet das **€ Café Ludwig 1** in Rhodt an. Das Porträt des Bayernkönigs nimmt eine ganze Wand hinter den Gästen ein (Theresienstr. 31, 76835 Rhodt unter Rietburg, www.cafe-ludwig-1.de).

Tipp

Genussfreudiger Gastgeber

Wie gut, dass man bei Julius übernachten kann! So lassen sich unbeschwert die feinen Tropfen bei den Weinmenüs genießen und sie im wahren Sinn des Wortes auskosten. Seit 2011 bietet »Julius in der Pfalz« Zimmer, Appartements, Kochkurse, Weinbergwanderungen, Winzerbesuche, Weinmenüs und Weinverkostungen an. Im Zentrum des Dörfchens Hainfeld (5 km südl. von Edenkoben) haben Ulrike und Hartmut Julius Meimberg ein schnörkelloses, aber gemütliches Refugium geschaffen.

JULIUS IN DER PFALZ
Weyherer Straße 6, 76835 Hainfeld, www.julius-pfalz.de

Oben: Stilecht feiern im Dirndl auf der Theresienstraße in Rhodt. Rechts: Immer wieder Genuss – auf dem Teller und fürs Auge.

INFORMATION

Tourist-Information Edenkoben, Poststraße 23, Weinstr. 86, 67480 Edenkoben, Tel. 06323 95 92 22, www.garten-eden-pfalz.de

3 Landau

Landau (47 500 Einw.) ist eine lebendige Stadt, wozu sicherlich die rund 8700 Studierenden der Rheinland-Pfälzisch Technischen Universität Kaiserslautern-Landau, kurz RPTU, beitragen. Rund um die Stadt zieht sich ein Grüngürtel, wo früher Festungsanlagen standen. Ludwig XIV. ließ die damals französische Stadt zwischen 1688 und 1691 zur Festung ausbauen. Nach dem Krieg von 1871 war Landau nicht mehr Grenzstadt und die Festungsanlagen wurden geschleift. Nach den Weltkriegen wieder französische Garnisonsstadt, zogen 1999 die letzten französischen Truppen ab und gaben der Stadt Raum für Entwicklung.

SEHENSWERT

Am **Marktplatz** spielt sich das Leben ab, nicht nur wenn Wochenmarkt ist (Di. und Sa. 7.00 bis 14.00 Uhr, Do mit kleinerem Angebot). Beachtenswert das **Böckingsche Haus** (1790) mit der frühklassizistischen Fassade und das **Alte Kaufhaus,** heute Kulturzentrum.
Die **Katharinenkapelle** (1344) in der Kaufhausstraße war für Beginen, eine laienreligiöse Vereinigung von Frauen, gebaut worden. Heute teilen sich Altkatholiken und Lutheraner die Kirche, Chorraum mit sehenswerten Fresken aus dem 14. Jh. (9.30–18.00 Uhr). Gegenüber steht das Wohnhaus des Urgroßvaters von Anne Frank. Sehenswert sind die Holzgalerien im Hof des **Frank-Loebschen Hauses.** Es gibt eine ständige Ausstellung zur Geschichte der Landauer Juden und eine Dokumentation über Sinti und Roma der Pfalz (Kaufhausgasse 9, Di.–Fr. 10.00–12.00 und 14.00–17.00, Sa. 10.00 bis 14.00 Uhr).
Die **Augustinerkirche** mit restauriertem Kreuzgang in der Königsstraße verschwindet fast zwischen den Wohn- und Geschäftshäusern. Die **Festhalle** (1905–1907) im Jugendstil mit reichem Skulpturenschmuck ist heute Kulturzentrum der Südpfalz (Mahlastr. 3).

ERLEBEN

Auf **vier Routen** kann man die reiche Parklandschaft erobern, alle Wege, die zwischen 40 Minuten und 1,5 Stunden dauern, beginnen beim Rathaus der Stadt, wo es auch entsprechendes Informationsmaterial gibt. Am 1., 3. und 5. Samstag fahren halbstündlich **Landauer** vor dem Rathaus ab (Mai–Okt., Anmeldung über Tourismusbüro). Landauer waren im 18. und 19. Jh. die wichtigsten Reisekutschen.
Im Ortsteil Nußdorf lohnt ein **Weinerlebnispfad** mit viel Kunst am Wegesrand. In Bornheim startet die **Südpfalz- Draisinenbahn.** Auf 24 Kilometern radelt man mit der Draisine durch die Pfälzer Landschaft nach Westheim, morgens hin und nachmittags wieder zurück (www.suedpfalz-draisine.de; April–Okt.).

UMGEBUNG

Die Weinstraße führt nicht nur durch wunderschöne Orte, sondern auch ein Stückchen in den Pfälzerwald hinein. Sie passiert Annweiler mit der weithin sichtbaren **Kaiserburg Trifels** TOPZIEL. Im Mittelalter waren die Herrscher ständig in ihrem Reich unterwegs, doch die Trifels war für die Staufer so etwas wie ein Rückzugsort. Dort lagerten sie die Reichsinsignien wie Krone, Schwert und Zepter, die heute als Kopie zu sehen sind, da die Originale in Wien aufbewahrt werden, dort setzten sie ihre Gefangenen fest, auch Richard Löwenherz. Friedrich II. baute die Burg als Machtzentrum aus. Was man heute sieht, hat damit nichts mehr zu tun, vermittelt aber dennoch einen Eindruck, wie es im Mittelalter gewesen sein könnte (www.burgenlandschaft-pfalz.de; Febr.–Mitte März, Nov. Sa., So., Fei. 10.00 bis 17.00, Mitte März–Okt. Di.–So., Fei. 10.00–18.00 Uhr, 20 Min. Fußweg ab Parkplatz). In **Ilbesheim** liegt die **Kleine Kalmit** mit schöner Sicht und einem Weinberg am Südwesthang, der 19 verschiedene Arten der Reberziehung zeigt, von der Antike bis zur Neuzeit.

INFORMATION

Büro für Tourismus, Marktstr. 50, 76829 Landau in der Pfalz, Tel. 06341 13 83 10, www.landau-tourismus.de

Tipp

Träumen im Schloss

Inmitten der Reblandschaft liegt beim malerischen Weinort Edesheim das **€€€ Hotel Schloss Edesheim,** wo man herrlich entspannen oder täglich zu neuen Aktivitäten starten kann: Wandern, Radtour mit oder ohne Motor, Golfspielen. Im Sommer Schlossfestspiele auf der Bühne im Burggraben.

HOTEL SCHLOSS EDESHEIM
Luitpoldstraße 9, 67483 Edesheim,
www.schloss-edesheim.de

4 Bad Bergzabern

Als »Kneippheilbad« wurde Bergzabern (8700 Einw.) 1963 anerkannt, doch schon im 19. Jh. wurden Kneipp'sche Kaltwasseranwendungen eingesetzt. Heute ist das Thermalbad Zentrum des Kurbetriebs.

SEHENSWERT
Wahrzeichen der Stadt ist das **Schloss,** Sitz der Herzöge von Pfalz-Zweibrücken, das sein heutiges Aussehen 1909 erhielt. Über die Königstraße zum **Gasthaus »Zum Engel«,** einem Prachtbau der Renaissance, heute u. a. Stadtmuseum (Königstr. 45, wegen grundlegender Renovierung vorübergehend geschl.). Ein wenig den Berg hinauf geht es zur **Bergkirche** (1720–30) mit barocker Ausgestaltung. Über Obere Berg- und Pfarrgasse kommt man zum Marktplatz mit **Marktkirche** (1335–40) und **Marktapotheke,** die in den 1990er-Jahren im alten Stil des 18. Jh. wieder aufgebaut wurde.

ERLEBEN
Der **Kneipp-Lehrpfad** im Kurpark bietet auf 5,5 Kilometern Länge viel Abwechslung. In der benachbarten **Südpfalz-Therme** gibt es nicht nur jede Menge warmes Wasser und wohltuende Saunen, sondern auch eine Salzgrotte, deren Besuch wie ein Tag am Meer ist (Kurtalstr. 27, www.suedpfalz-therme.de, So.–Do. 9.00–22.00, Fr., Sa. bis 23.00 Uhr, Di. ganztägig Damensauna, Salzgrotte ab 10.00 Uhr immer zur vollen Stunde).

UMGEBUNG
Ein schönes Ausflugsziel ist die **Burg Landeck** mit dem besterhaltenen Burgfried der Pfalz (www.landeck-burg.de). Das **Deutsche Weintor in Schweigen** unweit von Frankreich, ist heute ein Tor der Freundschaft mit dem Nachbar.

INFORMATION
Touristinformation Bad Bergzabern,
Kurtalstr. 27 (im Gebäude der Therme),
76887 Bad Bergzabern, Tel. 06343 98 96 60,
www.bad-bergzabern.de

ROMANTISCHER AUFSTIEG

Auch mit der Sesselbahn kann man sich hochschaukeln lassen. Doch die Schorle auf der Terrasse der einstigen Raubritterburg ist nach dem Aufstieg ein noch größerer Genuss. Und dann mit der Bahn zurück.

Schöne Aussichten haben Wanderer schon beim Ausgangspunkt der Tour an der Villa Ludwigshöhe. Über Weinberge reicht der Blick bis zum Schwarzwald. Zum Glück ist zurzeit der Biergarten bei der Villa Ludwigshöhe wegen der Renovierung des Schlosses geschlossen, sonst würde man vielleicht sich bereits hier niederlassen und einiges verpassen. Also hoch hinauf auf die Burg. Wenn man die Talstation der Sesselbahn passiert hat, kann man auf diesem Weg bleiben oder wendet sich nach links, um auf einem wunderschönen, eher schmalen Weg unter Bäumen aufzusteigen. Bis zur Burg sind etwa 300 Höhenmeter zu überwinden.

Zur Verschnaufpause lädt der »Schöne Punkt«, ein kleiner Pavillon, von dem aus auch König Ludwig I. von Bayern den Ausblick genossen haben soll. Nicht schlecht, aber es wird noch besser. Hat man erst einmal den Turm der Burg erklommen, liegt

Per Sesselbahn zur Ruine Rietburg und von der Terrasse die Aussicht genießen

einem die Welt zu Füßen. Wer jetzt nicht gerade an einem sonnigen Wochenende unterwegs ist, findet sicher einen Platz auf der Terrasse der Gaststätte. Sonst setzt man sich in einen Sessel der Bahn und sucht in Rhodt einen Platz in der Sonne.

Wandern: Dieser ca. 2 Kilometer lange Weg lässt sich zu einer Wanderung von knapp 11 Kilometern erweitern. Der Rundweg führt von der Rietburg über den Ludwigsturm zurück zur Villa Ludwigshöhe.

Parkmöglichkeit: unterhalb der Villa Ludwigshöhe

Rietburgbahn: Mitte März–Anf. Nov. tgl. 10.00–17.00/17.30, Mai bis Okt. Sa., So., Fei. ab 9.30 Uhr). Im März und Nov. auch an manchen Wochenenden.

Burgschänke: Jan.–Karfreitag Sa., So. 10.00–17.00, Ostern–Anf. Nov. Mo.–Fr. 10.00–17.00, Sa., So. bis 18.00 Uhr

Pfälzerwald

*

AUF STILLEN PFADEN

*

Stundenlang kann man durch den Pfälzerwald gehen oder mit dem Rad fahren, ohne einem Menschen zu begegnen. 12 000 Kilometer Wanderwege durchziehen die Landschaft, da nimmt nicht jeder den gleichen Weg. Spätestens aber an einer der Hütten des Pfälzerwaldvereins ist es mit der Einsamkeit wieder vorbei.

Das idyllische Karlstal im Pfälzerwald zieht mit seiner Schlucht, dem Bach und den Felsformationen auch Montainbiker an.

Recht ruhig war es im Pfälzerwald bis zum Hochmittelalter, da sich die frühen Siedler nur bis an dessen Ränder vorwagten. Wie der heilige Pirminius, der sich im Jahr 742 mit Benediktinern in Hornbach niederließ. 1144 gingen die Zisterzienser dann tiefer in den Wald hinein und gründeten das Kloster Otterberg, 1148 das Kloster Eußerthal. Mit den Mönchen kamen dann die Adeligen – vom 10. bis 12. Jahrhundert die Salier, im 12. und 13. Jahrhundert die Staufer. Burg um Burg entstand auf den Sandsteinfelsen, und der Pfälzerwald wurde zu einem Machtzentrum im damaligen Kaiserreich.

Heute sind die Burgen in der Regel Ruinen und Anziehungspunkte für aussichtshungrige Wanderer. Zur Burg Loewenstein, die im 13. Jahrhundert auf dem 550 Meter hohen Schlossberg bei Nothweiler erbaut wurde und schon zu Frankreich gehört, muss man über schmale Metalltreppen steigen. Die Burgruine steht auf zwei Felsen, die durch eine Schlucht getrennt und mit einer Brücke verbunden sind. Die Wegelnburg unweit von Loewenstein ist die höchstgelegene Burganlage der Pfalz und bietet Weitsicht über den gesamten Pfälzerwald und die Nordvogesen.

Die einzige noch heute bewohnte Burganlage der Pfalz, die Burg Berwartstein bei Erlenbach, galt als uneinnehmbar, bis sie 1591 nach einem Blitzschlag komplett ausbrannte. 300 Jahre hielt die Ruine einen tiefen Dornröschenschlaf, bis sie ein Bergwerksbesitzer im 19. Jahrhundert entdeckte und im heutigen Stil wieder aufbauen ließ. 75 Prozent der Burg stehen im Fels. Warum galt die Burg als uneinnehmbar? Unter anderem, weil man den Bewohnern das Wasser nicht abgraben konnte. Einen 104 Meter tiefen Brunnen trieben die Arbeiter

BURG UM BURG ENTSTAND AUF DEN SANDSTEINFELSEN DES PFÄLZERWALDS.

Von Neustadt nach Elmstein fährt das Kuckucksbähnel, das einst die Menschen aus dem Pfälzerwald zu ihren Arbeitsplätzen brachte. Heute dient der Dampfzug eher dem Freizeitvergnügen (oben). Am Sägmühlweiher bei Trippstadt warten Betten im Weinfass auf müde Touristen (unten).

Es lohnt sich, im Pfälzerwald immer wieder eine Pause einzulegen und die weiten Blicke zu genießen (rechts).

Wandern im Pfälzerwald bringt jeden in Einklang mit sich und der Natur.

Dank der guten Wasserqualität kann man im Sägmühlweiher sorgenlos baden gehen (links).

bis zur Talsohle in den Berg, davon 80 Meter durch Sandstein. 40 Jahre dauerte das Projekt. Ein Schlauchgang im Fels, der zu der Zeit ausgespült wurde, als der Pfälzerwald noch von urzeitlichem Meer überflutet war, soll der einzige Zugang zur Burg gewesen sein. Mit einem Seil mussten sich die Besucher hochziehen, die Damen durften in Körben Platz nehmen, die dann nach oben gezogen wurden.

WANDERN, WANDERN, WANDERN

Der Pfälzerwald bietet eines der dichtesten Wegenetze in Deutschland, sodass Burgenfans locker einen zweiwöchigen Wanderurlaub in der Pfalz verbringen können, um die Reste von einst 500 Burgen zu erobern. Oder um sich auf den Weg zu den bizarren Felsformationen zu machen, die besonders rund um Dahn wie Burgen über der Landschaft stehen. Dass der Pfälzerwald für Wanderer so hervorragend erschlossen ist, ist ehrenamtlichem Engagement zu verdanken – dem 1902 gegründeten Pfälzerwaldverein. Seine Mitglieder bewirtschaften viele Hütten, vor allem am Wochenende. *Die* Pfälzer Spezialität schlechthin, der Saumagen, steht eigentlich auf jeder Karte. Dazu eine Pfälzer Schorle, für die eine Handbreit »Woi« mit einer Handbreit Wasser gemischt wird. Nur dass die Hand beim Wein senkrecht an das Glas angelegt wird und beim Wasser waagerecht. Diese Traditionen und die Nachhaltigkeit waren zwei der Kriterien, weshalb die UNESCO die Pfälzerwaldhütten im Jahr 2021 als immaterielles Weltkulturerbe ausgezeichnet hat.

IM ZENTRUM DES WALDES

Wie eine Insel liegt der kleine Weiler Johanniskreuz im lichten Wald und gehört damit zu den fünf Prozent des Pfälzerwaldes, die besiedelt sind. Deshalb ist es über dem Eichen-, Buchen- und Kiefernwald nachts auch so dunkel, dass Astrofotografen den Sternenhimmel einfangen können. »Der einzige Reichtum dieser Berggegend – das Holz – gehört dem

Der Teufelstisch bei Hinterweidenthal ist eine der markantesten Felsformationen des Pfälzerwaldes (oben). Rund um Dahn führt der Felsenpfad, der teilweise nur schmale Durchgänge frei gibt (unten).

Kletterparadies im Wasgau, bei Lug im südlichen Pfälzerwald

Die imposante Weite des Pfälzerwalds fasziniert alle Wanderer. Unter den vielen schönen Aussichtspunkten rangiert ganz vorn die Wegelnburg.

MANCHMAL REICHT SCHON EIN TAG ZU FUSS IN DER NATUR, UM DEN ALLTAG HINTER SICH ZU LASSEN.

Staate oder den reichen Bauern der Haardt und wirft für die Bewohner dieser Täler nur kargen Verdienst ab«, so schilderte der Heimatschriftsteller August Becker die Situation der Waldbewohner Mitte des 19. Jahrhunderts. Um das Holz in die Rheinebene zu bringen, kanalisierten sie die Bäche und legten daneben Wege an. Da die Bäche zu schmal und flach waren, um ganze Baumstämme zu flößen, sägten die Waldarbeiter die Stämme in größere Stücke, warfen sie ins Wasser und liefen auf den Wegen nebenher, um die Holzstücke weiterzutreiben. Die Erfindung der Eisenbahn und die Verwendung der Steinkohle machten das Triften überflüssig, die Armut im Pfälzerwald wurde wieder größer.

GESCHICHTE IN DER SCHUHFABRIK

Um der Armut zu entgehen, nahmen die Menschen weite Fußwege auf sich, um in den Schuhfabriken in Pirmasens und Hauenstein zu arbeiten. Peter Kaiser war 1838 der Erste, der eine Schuhfabrik in Pirmasens baute. Auch dieses Traditionsunternehmen musste Ende 2020 seine Produktion schließen wie zuvor zahlreiche andere Unternehmen der Schuhbranche – im Ausland wird billiger produziert. Ähnlich wie Pirmasens erging es Hauenstein: Dort gründeten Carl-August und Anton Seibel 1886 die erste Schuhfabrik, 1961 waren es 35 mehr oder minder große Unternehmen, die in dem Ort mit 4000 Einwohnern Arbeitsplätze boten. Die Seibels produzieren noch immer in Hauenstein und lassen sich in ihrer »Gläsernen Schuhfabrik« über die Schulter schauen. Vom Zuschneiden des Leders mit einem Laser-Cutter bis zum Einziehen des Schuhbandes können Besucher jeden Produktionsschritt verfolgen. Ein paar Schritte weiter schaut man dann ganz anders auf die Tausende Paar Schuhe, die die Geschäfte der Schuhmeile Hauenstein anbieten.

In eine dieser aufgegebenen Schuhfabriken ist in Hauenstein das Deutsche Schuhmuseum eingezogen. Dort geht es natürlich um Schuhe und deren Produktion im Laufe der Zeit, aber auch um Zeit- und Sozialgeschichte. Da sind die alte Schuhmacherwerkstatt, die zu ihrer Zeit auch Begegnungsstätte war, eine Wohnung, in der vor allem Frauen und Mädchen in Heimarbeit für die Schuhindustrie nähten, wie überhaupt 70 Prozent der Angestellten in dieser Branche weiblich waren. Wie sie arbeiteten, Pause machten, einkauften und wo ihre Produkte, die Schuhe, verkauft wurden, ist wie eine Zeitreise in originalen Werkstätten und Geschäften nachzuerleben. Über drei Etagen führt das Museum in die Schuh-Vergangenheit.

Über allen Wipfeln ist (noch) Ruh': Wer sich schon ganz früh, zum Sonnenaufgang, auf den Weg macht, den belohnt der Pfälzerwald mit atemberaubend schönen Panoramablicken.

Von einst 500 Burgen im Pfälzerwald stehen wie in Alt-Dahn meist nur noch Ruinen.

400 Tiere aus 15 Arten leben auf dem großen Gelände des Wild- und Wanderparks bei Silz.

Pirmasens am Westrand des Pfälzerwaldes liegt auf sieben Hügeln. Einst Zentrum der Schuhindustrie, sucht die Stadt neue Wege in der Kreativwirtschaft.

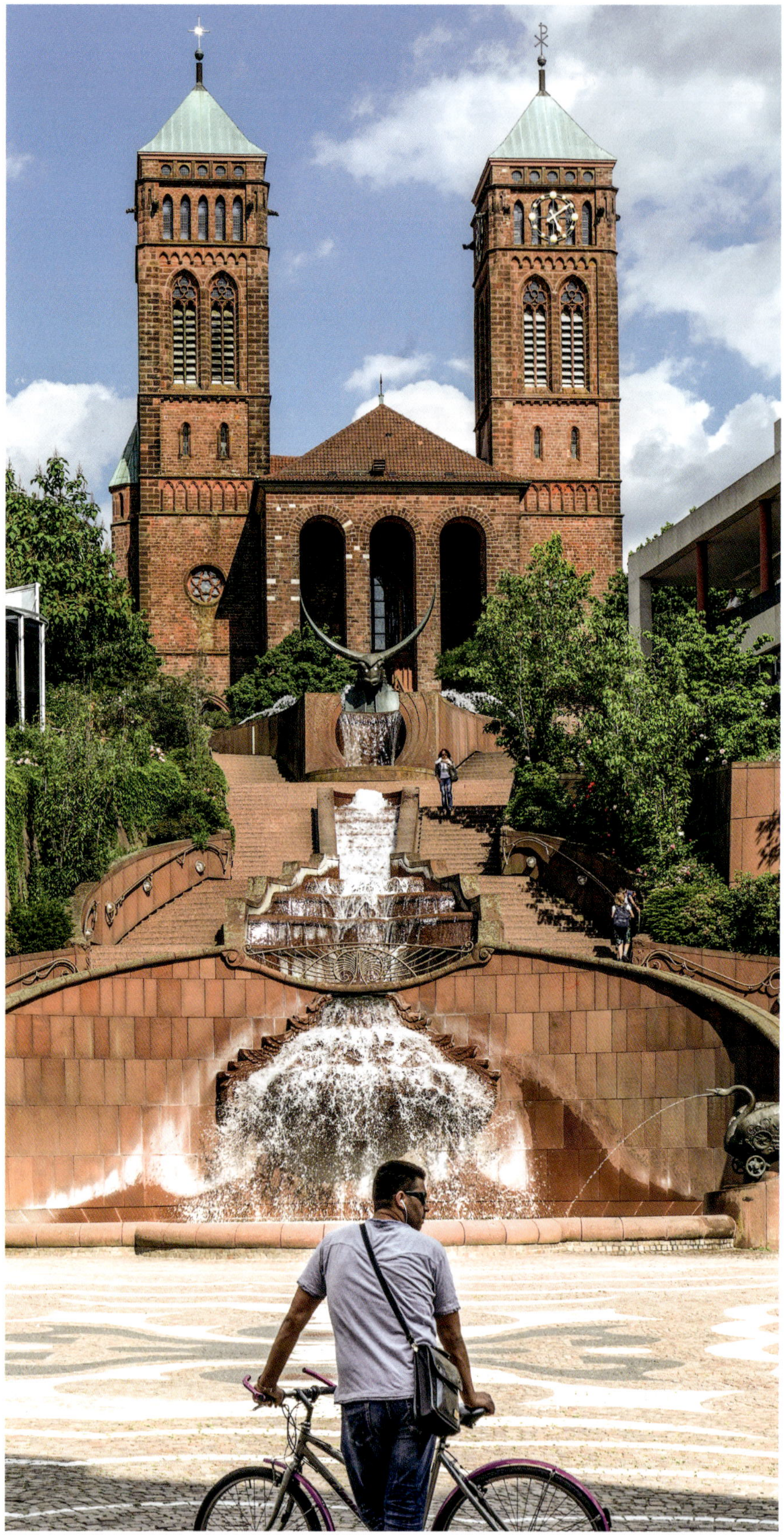

Kennzeichen von Pirmasens: Kirche St. Pirmin mit Kaskadenbrunnen

Die Bernd Hummel Holding GmbH, zu deren Produktpalette auch Flipflops gehören, hat ihren Firmensitz im Gebäude Neuffer am Park in Pirmasens.

Kleine Pause am Wasser im Rosengarten in Zweibrücken.

Auch in Pirmasens wird die Gastfreundschaft groß geschrieben.

Special

Luchse im Pfälzerwald

Raubtiere

Wenn es um die Wiederansiedelung von Luchsen und Wölfen geht, schwingen viele Emotionen mit. Dennoch läuft im Pfälzerwald erfolgreich ein Luchs-Projekt.
Luchse zählen wie Wölfe und Bären zu den Großraubtieren, die in Europa besonders gefährdet und deshalb besonders schützenswert sind. Bauern, die Tiere auf der Weide halten, sehen das naturgemäß anders als Naturschützer. Im Pfälzerwald leben seit einigen Jahren wieder Luchse, die dort angesiedelt wurden. Bis zum Jahr 2020 waren es 20 Tiere. Die ersten haben sich schon vermehrt.

Da Luchse im Gegensatz zum Wolf selten Nutztiere reißen, ist ihre Akzeptanz höher. Rehe, Füchse, Rotwild, Wildschweine und Marder sind eher die Beutetiere der katzenähnlichen Tiere mit Ohren, die an der Spitze an Pinsel erinnern. Von jenen fressen sie fast ausschließlich das Muskelfleisch.

Lässt sich nur selten sehen: der Luchs

Luchse brauchen als Lebensraum einen ausgedehnten Waldbestand, den der Pfälzerwald ihnen bietet, ansonsten sind sie genügsam und kommen auch in der Nähe von Menschen zurecht. Die beiden Jungen, die Projektmitarbeiter entdeckten, waren in einer Felsnische auf die Welt gekommen. Dank GPS-Halsbändern haben die Naturforscher diese und die älteren gefleckten Vierbeiner immer Blick.

WIE IM MÄRCHEN

Im Jahr 1909 sah es so aus, als würde der Pfälzerwald an die große weite Welt angebunden. Zwölf Kilometer Eisenbahnstrecke führten ab Neustadt dort in den Pfälzerwald hinein, wo er am tiefsten ist, an den Burgruinen Breitenstein, Erfenstein und Spangenberg vorbei nach Elmstein. In eine jener armen Gegenden, wo die Menschen nichts hatten als die Arbeit im Wald. Mit der Bahn konnten sie jetzt nach Neustadt und in die Rheinebene zu den Fabriken fahren.

Bis 1960, dann wurde das »Kuckucksbähnel« stillgelegt. Seit 1984 fährt es als Museumsbahn von Mai bis Oktober sonn- und feiertags ab Neustadt in den Pfälzerwald hinein.

Weiter westlich erstreckt sich das schönste Tal des Pfälzerwaldes, das Karlstal bei Trippstadt. Hier begleiten Farne den Weg, liegen wild die Felsbrocken im gurgelnden Bach, durch die Buchen fallen die Sonnenstrahlen, und plötzlich steht da auch ein Holzpavillon. Als die Herren von Trippstadt ihren Schlossgarten im 18. Jahrhundert umgestalten ließen, sollte der Gartenbaumeister auch das Karlstal miteinbeziehen. Er legte Wege und Übergänge an, erhielt aber den wilden Charakter der Schlucht mit Felsenformationen und kleinen Wasserfällen. Alles wie im Märchen.

Haus der Nachhaltigkeit

DAMIT ALLES IM LOT BLEIBT

Warum gerade im Pfälzerwald? Warum hat sich gerade dort ein Haus etabliert, das für Nachhaltigkeit wirbt, wo alles im Lot zu sein scheint? Vielleicht muss gerade an solchen Orten daran erinnert werden, dass dieses Gleichgewicht nicht selbstverständlich ist.

Nachhaltigkeit heißt, etwas zu erhalten, das auch für die folgenden Generationen noch Bestand haben soll. Wie den Pfälzerwald zum Beispiel, das größte zusammenhängende Waldgebiet Deutschlands. Auch dieses grüne Paradies war gefährdet, denn der Wald war für die armen Leute ein unerschöpflicher Vorrat zur Rohstoff- und Energiegewinnung. Keiner verschwendete einen Gedanken daran, wie lange ein Baum braucht, um zu wachsen. Eine Eiche ist erst nach mehr als 200 Jahren reif zum Fällen, eine Kiefer bereits nach 160 Jahren. Deshalb pflanzten die Forstleute im 18. und 19. Jahrhundert vor allem Kiefern auf die kahlen Flächen, die durch die intensive Nutzung und fehlende Pflege des Waldes entstanden waren. Fichten, Lärchen, Weymouthskiefern und Douglasien folgten, allesamt relativ schnell wachsend und anspruchslos. Und plötzlich hatte der Wald ein neues Gesicht: Zwei Drittel der Fläche waren nun mit Nadelbäumen bepflanzt, nur in abgelegenen Tälern wie im Karlstal findet man heute noch die ursprünglichen Buchenbestände.

NACHHALTIGKEIT IM ALLTAG

Seit die Forstwirtschaft nachhaltig arbeitet, wird nur noch so viel gefällt, wie nachwachsen kann. Bei Neupflanzungen ist das Ziel, wieder einen naturnahen Mischwald heranzuziehen, bei dem Laub- und Nadelhölzer jeweils etwa 50 Prozent ausmachen. Ist also Nachhaltigkeit vor allem ein Thema der Forstleute? Mitnichten. Jede und jeder kann sich so verhalten, dass die Chancen der folgenden Generationen nicht beeinträchtigt werden, und das beginnt in der Regel mit einem besseren Verständnis der Natur. Das Haus der Nachhaltigkeit in Johanniskreuz übersetzt den abstrakten Begriff der Nachhaltigkeit für den Alltag der Menschen. Nicht nur im Haus, auch direkt in der Natur wie im Biosphärenerlebniscamp Geiswiese.

Das UNESCO-Biosphärenreservat Pfälzerwald Nordvogesen ist das erste grenzüberschreitende Projekt dieser Art und ein Biodiversitäts-Hotspot. Hier sind dank des milden und trockenen Klimas viele Arten zu finden, die andernorts schon ausgestorben sind. Zwei Jahrzehnte lang konnte man sich im Biosphärenhaus Fischbach bei Dahn über diese besondere Landschaft Wissen aneignen und auf Deutschlands erstem Baumwipfelpfad auch im Wortsinn einen Überblick verschaffen. Doch das Haus schloss im Herbst 2023. Ob es mit neuer Konzeption wieder eröffnet wird, stand bei Redaktionsschluss noch in den Sternen. So empfiehlt es sich einstweilen, die Naturseminare des Pfälzerwaldvereins zu nutzen.

Es gibt viel zu entdecken rund um das Haus der Nachhaltigkeit mitten im Pfälzerwald Ranger helfen gerne auf den Weg. Stolz macht die bestandene Prüfung zum »Junior Ranger« im Sommercamp für Kinder.

Auch die Architektur des Gebäudes ist der Nachhaltigkeit verpflichtet.

Informationen

Haus der Nachhaltigkeit
Johanniskreuz 1a, 67705 Trippstadt, Tel. 06306 9 21 01 30, www.hdn.wald.rlp.de, So.–Fr. 10.00–17.00 Uhr

Pfälzerwald-Verein
Fröbelstraße 24, 67433 Neustadt an der Weinstraße, Tel. 06321 22 00, www.pwv.de

Erlebnisweg zum Thema Wasser
200 Quellen entspringen im Umkreis von 15 Kilometern rund um das ehemalige Biosphärenhaus Fischbach bei Dahn. Der zwei Kilometer lange Wasserweg zeigt an 14 Stationen die Bedeutung des Wassers für Mensch und Natur.

Maßstab 1:200.000
Naturpark
Pfälzerwald
Parc
Naturel Régional
des Vosges du Nord
Waldmohr
Bruchmühlbach-
Homburg
Bechhofen
Zweibrücken
Contwig
Rieschweiler-
Mühlbach
Thaleischweiler-Fröschen
Waldfischbach-
Burgalben
Rodalben
Pirmasens
Münchweiler an der Rodalb
Lemberg
Dahn
Hauenstein
Wilgartswiesen
Annweiler
Bad Bergzabern
Klingenmünster
Elmstein
Trippstadt
Queidersbach
Heltersberg
Schopp
Bitche
Ludwigswinkel
Fischbach
Schönau
Eppenbrunn
Hornbach
Deutsche Weinstraße
Deutsch-Französische Touristikroute
Biosphärenreservat

GRENZÜBERSCHREITENDES BIOSPHÄRENRESERVAT

Wenig Fläche im Pfälzerwald ist besiedelt. Vor allem im Süden haben sich Menschen niedergelassen. Ansonsten bestimmen Bäume das Bild im größten zusammenhängenden Waldgebiet Deutschlands, das 1998 als erstes grenzüberschreitendes Biosphärenreservat ausgewiesen wurde: Pfälzerwald-Nordvogesen.

1 Pirmasens

Am Westrand des Pfälzerwaldes liegt auf sieben Hügeln Pirmasens (42 000 Einw.), einst blühende Schuhmetropole, dann strukturschwache Region, jetzt sich neu positionierend in Kreativwirtschaft, Forschung und Entwicklung, aber auch als Schuhkompetenzzentrum.

SEHENSWERT

Der ehemalige **Exerzierplatz** in der Stadtmitte ist heute Festplatz und Wochenmarkt (Di., Do. und Sa. 6.00–13.00 Uhr). In der Fußgängerzone liegt der **Schlossplatz** mit Schlosstreppe, Kaskadenbrunnen und der **Pirminuskirche,** deren Doppeltürme über die Stadt hinausragen. »Wald. Schloss.Schuh« heißt die Dauerausstellung zur Stadtgeschichte im **Museum Altes Rathaus** (Hauptstr. 26, Di.–So. 14.00–17.00 Uhr). Im **Forum Alte Post** ist dem in Pirmasens geborenen Landschafts- und Genremaler Heinrich Bürkel eine Dauerausstellung gewidmet. Auch dem Dadaisten Hugo Ball, Pirmasenser und Pionier der Lautgedichte, wird in einer weiteren interaktiven Dauerausstellung gedacht (Poststr. 2, www.forumaltepost.de; Mi. bis So., Fei. 10.00–17.00 Uhr). In der benachbarten Bahnhofsstraße: schöne Gründerzeithäuser.

ERLEBEN

Naturwissenschaft erleben unter Einsatz von Körper- und Geisteskraft ist das Motto im Mitmachmuseum **Dynamikum** in der ehemaligen Schuhfabrik Rheinberger. Jetzt unter der Überschrift »Dynamikum 2.0« mit noch mehr und verfeinerten Experimenten (Fröhnstr. 8, www.dynamikum.de; Di.–Fr. 9.00–15.00, Sa., So., Fei. 11.00–17.00 Uhr). **Schuhfabriken** in Pirmasens wie Peter Kaiser, Kennel und Schmenger oder Kangaroos haben alle ein Outlet. Wenn man nichts Bestimmtes sucht, ist die Chance, fündig zu werden, besonders groß. Adressen unter www.schuhstadt.de. Ein wenig märchenhaft ist die Wanderung zur und durch die **Hexenklamm**. Am Sportplatz Gersbach beginnt der rund 7 Kilometer lange Rundweg.

UMGEBUNG

Rund um **Rodalben** führt der **Felsenwanderweg,** an dem das 40 Meter tiefe Naturdenkmal

Im – in einer ehemaligen Schuhfabrik untergebrachten – Schuhmuseum Hauenstein gehen die Besucherinnen und Besucher auf eine informative Zeitreise (oben). Rechts: Burgenromantik in Berwartstein.

Bärenhöhle liegt, in der ein kleiner Bach entspringt. Den 44 Kilometer langen Weg ohne große Steigungen kann man in Etappen zwischen 1,5 und 9 Kilometern einteilen (www.felsenwanderweg.de). Westlich des Pfälzerwaldes, wo der Wald in die Ebene übergeht, liegt **Zweibrücken** (rd. 25 km westl.), bekannt für Rosen und Pferdezucht. Der **Rosengarten** mit 1500 Arten und Sorten liegt in der Stadt (Rosengartenstr. 50), der **Wildrosengarten** mit 100 historischen Rosen und 400 Kulturrosensorten ist auf einer Streuobstwiese angelegt (Fasanerie 1). Man erreicht ihn vom Rosengarten über den Rosenweg. Etwas außerhalb beim Gewerbepark des ehem. Flughafens Zweibrücken sind 130 Marken in 120 Geschäften in einem **Fashion Outlet** versammelt (Londoner Bogen 10–90, Mo.–Sa. 10.00–19.00 Uhr).

INFORMATION

Tourist Info Pirmasens, Fröhnstr. 8, (im Rheinberger), 66954 Pirmasens, Tel. 06331 2 39 43 21, www.pirmasens.de

2 Dahn

Im südlichen Wasgau, an der Grenze zu Frankreich, liegt das kleine Städtchen Dahn (4500 Einw.). Es ist vor allem für die Felsenlandschaft bekannt, die den Ort umgibt. Ansonsten ist der Wasgau von weiten Tälern geprägt.

SEHENSWERT

Die Dahner Burgengruppe **Altdahn, Grafendahn und Tanstein** wurde im 13. Jh. nacheinander auf einem Bergrücken errichtet und ist typisch für den Wasgau mit ihren in den Felsen gehauenen Kammern und Treppen. Vom Kurpark aus kommt man über die Wegmarkierung »1« zu den Burgen (Burgenmassiv Altdahn, Feb.–Mitte März, Nov. Sa., So., Fei. 10.00–17.00, Mitte März–Okt. Do.–Di. 10.00–18.00 Uhr). Der bekannteste Fels bei Dahn ist der **Jungfern-**

sprung mit seinen senkrechten Flanken. Auf dem **Dahner Felsenpfad** **TOPZIEL,** der auf 12 Kilometern Länge durch Felsspalten und über Aussichtspunkte führt, kann man die bizarren Steinformationen bestaunen. Startpunkt am Wanderparkplatz beim Sportpark, Eybergstr. 1, am Fuß des Felsmassivs »Braut und Bräutigam« (www.dahner-felsenland.net).

ERLEBEN

Burg Berwartstein ist die einzige bewohnte Burg des Pfälzerwaldes. Bei Burgführungen wird nichts ausgelassen: Folter- und Waffenkammer, wenn auch nicht mehr original, Burgbrunnen, Kammern und am Ende geht es noch durch die dunklen Kasematten (Erlenbach, www.burgberwartstein.de; März–Okt. tgl., sonst Sa. und So.). 400 Tieren aus 15 europäischen Arten, darunter auch Wölfen, kommt man bei den Rundwegen durch den **Wild- und Wanderpark Silz** **TOPZIEL** ganz schön nahe (www.wildpark-silz.de; März–Okt. ab 9.00, sonst Mi.–So. ab 10.00 Uhr; Wolfsfütterung März–Okt. tgl. 11.00 Uhr).

HOTEL UND RESTAURANT

Von Nothweiler kann man, ohne es wirklich zu bemerken, nach Frankreich wandern. Wenn man allerdings am **€ Gimbelhof** ankommt, ist alles schon *très français*, aber man versteht deutsch. Neun Zimmer hat die Ferme mitten im Wald und französische Küche (Ferme Gimbelhof, 67510 Lembach, www.gimbelhof.com).

Tipp

Wie im Flug durch den Wald

Wer keine Höhenangst hat, ist im Ziplinepark Elmstein richtig. Oben an den Bäumen sind Holzplattformen angebracht. Über 18 Stahlseile saust man von Plattform zu Plattform. Dazwischen sind immer wieder Abseilstationen. Die Betreibern geht es auch darum, Menschen Natur nahezubringen, liegt der Park doch in der Entwicklungszone des Naturparks Pfälzerwald.

ZIPLINEPARK

Eschkopfstr., 67471 Elmstein, www.zipline-elmstein.de; Mitte März bis Mitte Nov. nach vorheriger Buchung

Kulinarisches Waldabenteuer (oben).
St. Anna Stollen in Nothweiler (rechts).

UMGEBUNG

250 Millionen Jahre und mehr in die Vergangenheit reisen kann man auf dem Geopfad in **Bundenthal**. Der »Geopfad Fladensteine« führt rund um das gleichnamige Felsmassiv. Nach einer Stunde weiß man mehr über die Entstehung der Gesteine, wo sie in der Natur vorkommen und wie sie als Rohstoffe genutzt werden. Dafür wurden auch Gesteinsbrocken an den Weg geschleppt, die für andere Regionen der Pfalz typisch sind wie die vulkanischen Gesteine im Nordpfälzer Bergland oder Kalksteine aus dem Oberrheingraben. Der Weg startet am Sportplatz Bundenthal.

In **Ludwigswinkel** (22 km südl.) geht es auf dem **Barfußpfad** auf 1,6 Kilometern über weichen Waldboden, Rindenmulch, Schotter, Schlamm und durch einen Bach (Kiosk beim Freizeitgelände Birkenfeld für Schuhablage und Möglichkeit zum Füßewaschen). Eisenerz wurde in der Erzgrube **St. Anna Stollen** in **Nothweiler** (14 km südl.) abgebaut. Das Technische Kulturdenkmal können Besucher auf einem ebenerdigen Weg erkunden (Am Kolbenberg, 76891 Nothweiler, April–Okt. Mi.–So., Fei. 11.00–17.00 Uhr, Führung jeweils zur vollen Stunde, warme Kleidung empfehlenswert).

INFORMATION

Tourist-Information,
Schulstr. 29, 66994 Dahn,
Tel. 06391 9 19 62 22,
www.dahner-felsenland.net

3 Hauenstein

Hauenstein (4000 Einw.) ist der kleine Bruder der großen Schuhstadt Pirmasens. 1961 gab es 36 Schuhfabriken in dem Ort, heute werden kaum noch »Schlabbe«, wie der Pfälzer sagt, produziert. Doch an der Schuhmeile stehen mehr als eine Million Schuhe in Geschäften zum Verkauf, fast jede Marke ist im Outlet.

SEHENSWERT

Ein Schuh-Tag in Hauenstein sollte im **Schuhmuseum** **TOPZIEL** (Turnstr. 5, www.museum-hauenstein.de; Feb.–Nov. Mo.–Fr. 13.00–17.00, Sa., So. ab 9.30 Uhr) in einer ehem. Schuhfabrik beginnen. Das Museum mit alten Werkstätten, Läden, Privaträumen und Fabriksälen ist eine abwechslungsreiche soziale, politische und wirtschaftliche Zeitreise. Die Ausstellung wurde 2022 neu konzipiert und gestaltet. Integriert ist das **Pfälzische Sportmuseum** (www.sportbund-pfalz.de/sportwelten/pfaelzisches-sportmuseum; gleiche Öffnungszeiten wie Schuhmuseum). In der komplett neu gestalteten **Gläsernen Schuhfabrik** von Josef Seibel (Waldenburger Str. 1, Mo.–Fr. 9.30–12.00 und 12.45–16.30 Uhr) sieht man, wie viele Schritte notwendig sind, um einen Schuh herzustellen. Besucher werden den Produktionsweg entlang geleitet. Wer will, kann sich seinen eigenen Sneaker gestalten. Auf der nicht weit entfernten **Schuhmeile** (Schuhmeile 1, www.schuhmeile-hauenstein.de; Mo.–Sa. 10.00 bis 18.00 Uhr, Mitte März–Okt. So., Fei. 13.00–18.00 Uhr) ist die Auswahl groß.

UMGEBUNG

Der **Teufelstisch** bei **Hinterweidenthal** (10 km westl.) ist eine der bizarrsten Felsformationen der Pfalz. Im Laufe der Zeit verwitterte er zu einer 3 Meter hohen, fast quadratischen Platte, die wie auf einem 11 Meter hohen Fuß aufliegt. Im Pfälzerwald gibt es

»UNGEHEURE FELSENMASSEN VON DEN ABENTEUERLICHSTEN FORMEN RAGEN AUF FAST JEDER BERGSPITZE EMPOR.« LUITPOLD BAUMBLATT, 1843

mehrere solcher Pilzfelsen, aber kein anderer hat diese Ausmaße. In der Nähe des Naturdenkmals wurde ein Erlebnispark mit Felsenrutsche, Seilbahn, Wasserspielplatz und anderen Stationen angelegt (Im Handschuhteich 31, 66999 Hinterweidenthal, www.hinterweidenthal.de; April–Okt. tgl. 10.00–18.00 Uhr, Winter geschl.). Beim Erlebnispark startet ein 10 Kilometer langer ausgeschilderter, auch für Familien geeigneter Rundweg mit Höhepunkt Teufelstisch. Wie mühsam sich Bewohner des Pfälzerwaldes ihren Lebensunterhalt verdienen mussten, wird im **Heimat- und Fürstenbinder-Museum** in **Ramberg** deutlich (Hauptstr. 20, www.ramberg.de; Ostern–Okt. So. 14.00 bis 17.00 Uhr).

INFORMATION
Tourist-Info-Zentrum Pfälzerwald Urlaubsregion Hauenstein,
Schuhmeile 1, 76846 Hauenstein,
Tel. 06392 9 23 33 80,
www.urlaubsregion-hauenstein.de

4 Trippstadt

Wahrzeichen von Trippstadt (3000 Einw.) ist das Barockschloss mit Schlosspark, heute Sitz der Forschungsanstalt für Waldökologie und Forstwirtschaft.

SEHENSWERT
Der Schlossgarten ist als Erholungspark frei zugänglich. Im **Eisenhüttenmuseum** (Hauptstr. 26, Museumsbesuch ab vier Personen unter Tel. 06306 341 buchen) wird in einer ehemaligen Schmiede gezeigt, wie der Holzreichtum des Pfälzerwaldes für die Eisengewinnung und -verarbeitung genutzt wurde, bevor die Steinkohle die Bedeutung der Holzkohle übernahm. Weitere Informationen gibt es auf dem Eisenhüttenweg im **Karlstal TOPZIEL.** Das sollte man auf alle Fälle durchwandern, denn es ist vielleicht das schönste Tal der Pfalz. Vom Parkplatz beim Warmfreibad führt ein 10 Kilometer langer Rundweg ins romantische Tal. Nicht wundern, wenn zwischen den Bäumen immer wieder Skulpturen stehen, sie sind Teil des Skulpturenwegs Rheinland-Pfalz (auch zwischen Trippstadt und Stelzenberg).

UMGEBUNG
Mittelpunkt des Pfälzerwaldes ist **Johanniskreuz** (7 km östl.), beliebte Zwischenstation bei Wanderern, Mountainbikern und Motorradfahrern. Auf einer Aue im Wald liegen Gasthäuser und das **Haus der Nachhaltigkeit,** dessen Mitarbeiter versuchen, den Begriff der Nachhaltigkeit im Alltag der Besucher greifbar zu machen. Ausstellungen, Themenwege, Veranstaltungen tragen dazu bei (Johanniskreuz 1a, 67705 Trippstadt, www.hdn.wald.rlp.de; Öffnungszeiten siehe »Zur Sache«).

INFORMATION
Tourist-Info, Hauptstr. 57, 67705 Trippstadt,
Tel. 06306 3 41, www.trippstadt.de

ENTSPANNEN IM PARADIES

Im Traumraum kann man auf den leicht schwingenden Holzliegen schon mal vergessen, dass es so etwas wie Alltag gibt. An der Decke aufgehängt, schaukeln die Liegen fast jeden aus dem Dahner Badeparadies Felsland ins Paradies seiner Träume.

Im südlichen Pfälzerwald, am Rande der Gemeinde Dahn, zwischen und unter Birken und Kiefern liegt das Felsland Badeparadies. Natürlich kann man hier zu jeder Jahreszeit auch schwimmen oder sich auf der Wasserrutsche austoben, aber besonders reizvoll und ursprünglich ist das finnische Saunadorf, das jedem Wärmebedürfnis gerecht wird. Ob im Sanarium bei 58 Grad Celsius oder im finnischen Saunahaus bei 100 Grad Celsius Deckentemperatur.

Das finnische Blockhaus heißt nicht nur so, es ist tatsächlich überwiegend aus altem, verwittertem und natürlich getrocknetem finnischen Holz gebaut. Das ganze Haus ist Sauna und an manchen Tagen so voll, dass für manchen der Spaß aufhört.

Sanftere Saunavarianten sind Kristall-, Kräuter- und Panoramasauna. Oder lieber gleich ins Dampfbad oder auf die Massageliege des Spa-Bereichs ausweichen … Falls die Holzliegen

Erholung ist garantiert beim Besuch im Felsland Badeparadies Dahn

im Traumraum alle belegt sind, gibt es genügend andere Traumplätze zum Erholen. In den wärmeren Monaten gehört dazu auf alle Fälle der weitläufige Saunagarten mit einer großen Vielfalt an Pflanzen und Farben. Und einem großen eiskalten Tauchbecken, das alle Lebensgeister in kürzester Zeit wieder weckt.

Felsland Badeparadies & Saunawelt: Eybergstr. 1, 66994 Dahn, Tel. 063 91 92 34 211, www.felsland-badeparadies.de; Schwimmbad ab 9.00, Mo.–Sa. bis 21.00, So., Fei. bis 20.00 Uhr; Sauna ab 10.00, Di.–Sa.bis 22.00, So., Fei. bis 20.00 Uhr, Mo. nur Damen

Nordpfälzer Bergland

*

ALLES ETWAS ANDERS

*

Landschaft, nichts als Landschaft. Weite Wiesen, Wälder, Felder, wieder offene Wiesenflächen, irgendwo ein kleines Dorf. Es ist schön im Nordpfälzer Bergland. Die landwirtschaftliche Struktur ist den Bewohnern der Region im 19. Jahrhundert aber zum Schicksal geworden. Sie wanderten aus.

Der japanische Garten in Kaiserslautern dient beim »Cosplay« als prächtige Kulisse für junge Mangafans.

Das Pfalztheater in Kaiserslautern ist das einzige Dreispartentheater der Pfalz. Die Skulptur »Re Africano« hat Gunther Stilling geschaffen (rechts).

Der rote Teufel, Maskottchen des 1. FC Kaiserslautern, feuert die Fans an (unten).

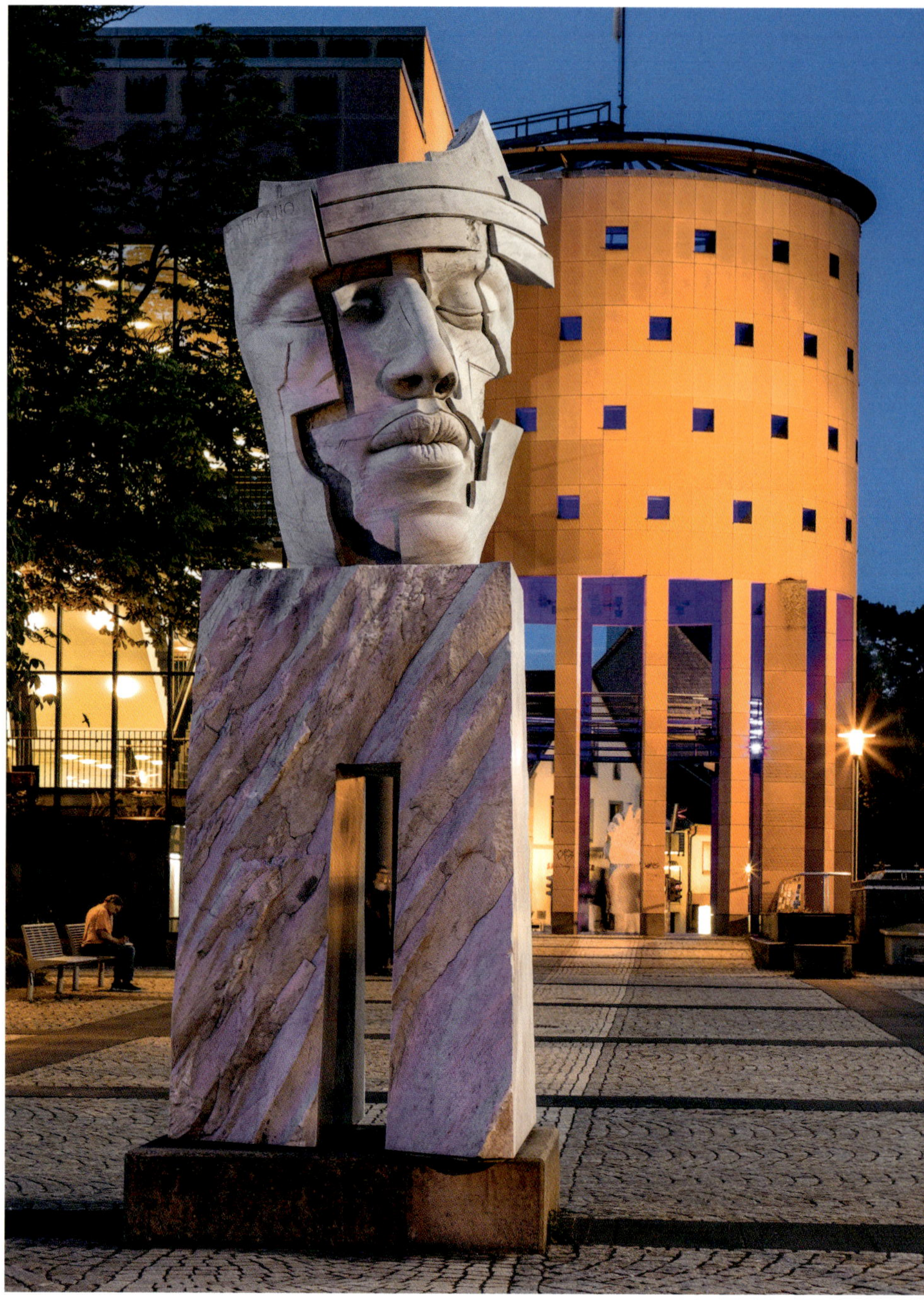

FCK-Fans haben es nicht leicht mit ihrem Verein, stehen aber treu zu ihm, vor allem wenn er im Fritz-Walter-Stadion am Betzenberg spielt (links).

Der Martinsplatz ist ein besonders schöner Ort in Kaiserslautern.

Die Reste der Kaiserpfalz, die Friedrich Barbarossa im 12. Jahrhundert erbauen ließ.

SANFTER TOURISMUS HEISST IM NORDPFÄLZER BERGLAND DIE ZUKUNFTSPERSPEKTIVE.

Das weite Land, das den Bewohnern in früheren Jahrhunderten zu wenig zum Leben bot und sie vertrieben hat, soll heute eher als Standortvorteil gelten. Sanfter Tourismus in einer nicht zersiedelten Kulturlandschaft heißt die Zukunftsperspektive, aber auch Neubürgern will man das Leben im Nordpfälzer Bergland schmackhaft machen. An den Ortseingängen werben die Gemeinden mit Quadratmeterpreisen für erschlossene Grundstücke, bei denen Städter denken, dass eine Null am Ende fehlen müsse. Aber die Preise stimmen und mancher nimmt deshalb dann doch einen weiteren Weg zur Arbeit in Kauf.

Zum Beispiel nach Kaiserslautern. 17 000 Menschen pendeln täglich in die Universitätsstadt, die sich Jahr für Jahr darum bemüht, die 100 000-Einwohner-Marke zu halten um Großstadt zu sein. Nach Schließung der Nähmaschinenfabrik Pfaff in der Innenstadt und dem Abzug amerikanischer Streitkräfte hatte Kaiserslautern ordentlich zu kämpfen, aber die Konversion scheint zu gelingen.

AMERIKANER IN DER PFALZ

Nach wie vor sind zahlreiche amerikanische Soldaten in der Stadt, auch wenn man sie nicht mehr an ihren Autokennzeichen erkennen kann, da sie aus Sicherheitsgründen jetzt alle mit »KL« für Kaiserslautern fahren. Aber hören kann man sie, denn über der Pfalz fliegen die Jetpiloten ihre Übungen.

Das benachbarte Ramstein hat den größten amerikanischen Militärflugplatz außerhalb der USA, in Landstuhl ist nach wie vor das größte Krankenhaus des US-Militärs außerhalb der Vereinigten Staaten. Wie sehr die Amerikaner die Region geprägt haben und prägen, zeigt eine Ausstellung im Docu-Center Ramstein, in drei roten Containern am Rande der Air Base. Erleben kann man die Gegenwart der Streitkräfte in den Kneipen von Kaiserslautern, wo sie gemeinsam mit den Studenten für gute Umsätze sorgen. Oder mit den FCK-Fans nach den Ursachen der schlechten Lage des 1. FC Kaiserslautern suchen. Am Betzenberg, dem höchstgelegenen Stadion der Bundesliga, sind Turbulenzen an der Tagesordnung.

KREATIVE KÖPFE UND HÄNDE

Wesentlich besser läuft es da an der Universität Kaiserslautern. Erst im Jahr 1970 gegründet, hat sie sich auch international bereits einen Namen gemacht. Knapp 20 000 Studierende sind an der einzigen technisch-ingenieurwissenschaftlich ausgerichteten Universität in Rheinland- Pfalz eingeschrieben, die sich 2023 mit der Universität Landau zusammenschloss. In diesem Umfeld hat sich die Smart Factory KL angesiedelt, eine von Herstellern unabhängige Technologie-Initiative, die für die Umsetzung der Industrie 4.0 Pionierarbeit leistet. 50 Akteure aus Wissenschaft und Technik arbeiten in Kaiserslautern an der Fabrik der Zukunft. Diese wird vor allem digital sein. Ganz analog arbeiten dagegen Menschen in Kaiserslautern, die sich mehr um die freie Zeit und den Genuss der Menschen kümmern, wie die Kaffeeröster Stephanie und Christian Bebensee. Obwohl in deren Café einige Gäste an ihren digitalen Geräten arbeiten. Vermutlich wirkt sich die gemütliche Atmosphäre zwischen Omas Sammeltasse und Paletten-Möbeln positiv auf die Kreativität aus.

MITTELALTERLICHE ORTE

Mit jedem Kilometer, den man Kaiserslautern hinter sich lässt und ins Nordpfälzer Bergland eintaucht, fährt man in eine andere Zeit. Da stehen zwar Hunderte Module auf einer Wiese, die aus Sonnenstrahlen Strom produzieren, doch immer wieder tauchen Orte auf, die wie aus der Zeit gefallen wirken wie Otterberg, Rockenhausen oder Meisenheim. Die Zisterzienser hatten in Otterberg 1168 mit dem Bau einer Abteikirche begonnen. Nach dem Speyerer Dom ist sie heute der zweitgrößte Kirchenbau

MEISENHEIM KONNTE SICH SEIN MITTELALTERLICHES STADTBILD BEWAHREN

der Pfalz. Sozusagen mitten in der Landschaft. Von dem Kloster, das um 1340 seine Blütezeit hatte, sieht man heute nur noch wenig, aber in den Gassen rund um die Kirche sind viele schöne Gebäude aus dem 17. und 18. Jahrhundert erhalten. Noch älter sind die Gebäude in Meisenheim, das sich ein mittelalterliches Stadtbild bewahren konnte bis hin zu Stadttor und Stadtmauer, ein Ensemble, das unter Denkmalschutz steht und

Man muss ja nicht gleich kämpfen, wenn man das Keltendorf Steinbach besucht. Vielleicht ist Wolle spinnen und Feuer machen eine Alternative (oben). Kirchheimbolanden hat sich sein mittelalterliches Stadtbild bewahrt (unten).

Ein bisschen wie im südfranzösischen Grasse fühlt man sich im Parfümmuseum in Mehlingen-Baalborn.

Im Jahr 742 gründete Pirminius das Kloster Hornbach, um dort mit Benediktinern zu beten und zu arbeiten. Heute ist dies mehr ein Ort der Entspannung.

Meisenheim am Glan ist ein kleines Schmuckstück mittelalterlicher Baukunst. In der Ritterherberge (1580) übernachteten vermutlich durchreisende Adelige.

Der Rapportierplatz ist neben dem Marktplatz die einzige Stelle in Meisenheim, wo sich die Gassen ein wenig weiten und eine größere Fläche frei geben.

Die Abteikirche in Offenbach-Hundheim zeichnet sich durch kunstvolle Gewölbe aus und gilt als wichtiges Bauwerk am Übergang von der Spätromanik zur Gotik.

In Rockenhausen hat die Sammlung Pachen ein Zuhause gefunden – mit Werken von u. a. Karl-Heinz Deutsch, Otto Dix und Karl Schmidt-Rottluff.

Das Museum für Zeit ist in einem alten Bauernhof in Rockenhausen untergekommen.

gleichzeitig eine Stadt der Gegenwart ist. Gehen dort die Uhren wirklich anders? Nein, die Zeit ist für alle gleich, wie das Turmuhrenmuseum in Rockenhausen belegt.

PERSÖNLICHE BETREUUNG

Ein Museumsbesuch in dieser Region ist anders als anderswo. Man hat Zeit für die Gäste, erklärt Objekte, kommt ins Gespräch. Auch in Kusel im Heimatmuseum mit seinem Star Fritz Wunderlich, einem der ganz großen Tenöre des 20. Jahrhunderts, dort einfach Fritz genannt. Die Familie Wunderlich hat sich mit Musik über Wasser gehalten, wie viele andere im sogenannten Musikantenland auch. Manche sind mit ihrer Kunst auch ausgewandert und teilweise berühmt geworden, wie im Musikantenland-Museum auf Burg Lichtenberg zu sehen. Die Familie Wunderlich blieb in Kusel und das Talent des Sohnes wurde entdeckt. Kein Wunder, er spielte und sang bei jeder sich bietenden Gelegenheit, um Geld zu verdienen. Aber gleich auf welcher Bühne der Welt der Tenor später stand, er kehrte immer wieder in die Pfalz zurück. Später schenkte der lebensfrohe Wunderlich seiner Heimatstadt ein Lied, »Mein Kusel«. Auch darin war er ein echter Pfälzer, dass er sich das Leben und die Erinnerung von Widrigkeiten nicht vermiesen ließ.

Special

Mehlinger Heide

Ungewohntes Landschaftsbild

Heide in der Pfalz? Genau, die größte in Süddeutschland. Im Juli und August erstreckt sich ein riesiges rosa Blütenmeer auf dem Boden eines ehemaligen Truppenübungsplatzes. Noch immer gibt es bei der Mehlinger Heide Flächen, die man nicht betreten darf. »Nicht munitionsfreie Fläche« warnen Schilder. Aus diesem Grund und um die Natur zu schützen, sollten Spaziergänger die Wege durch die Heide und den angrenzenden Wald nicht verlassen.

Schon 1912 war an dieser Stelle bei Mehlingen der Wald gerodet worden, um hier Soldaten auszubilden können. 1937 wurde der Truppenübungsplatz noch vergrößert, nach 1945 übernahmen ihn französische und amerikanische Streitkräfte. Nach dem Abzug von Franzosen und Amerikanern ist seit 1994 auf sandigem Boden eine große Heidelandschaft entstanden, die wegen der seltenen Tier- und Pflanzenarten, die dort leben und wachsen, zum Naturschutzgebiet erklärt wurde. Wildbienen, die Heidelerche und der Ziegenmelker teilen sich die Natur mit Heuschrecken, Schmetterlingen und Libellen und dazwischen grasen die Heidschnucken. Ein Lehrpfad führt zu einem »grünen Klassenzimmer«, Duftdidaktum und Insektenhotel.

Heidelandschaft mitten in der Pfalz

Kreativwirtschaft statt Schuhfabriken

ES GEHT WIEDER AUFWÄRTS

Unglaublich, aber in einem unscheinbaren Viertel von Pirmasens entstehen in einer ehemaligen Schuhfabrik Outlets und in Kaiserslautern findet Kultur in ihrer ganzen Vielfalt reichlich Platz auf dem Areal einer ehemaligen Spinnerei.

In der ehem. Schuhfabrik Rheinberger stehen zahlreiche Experimentierstationen des Dynamikums.

Zuletzt traf es fast 200 Mitarbeiterinnen und Mitarbeiter des Schuhherstellers Peter Kaiser. Im Januar 2021 erhielten sie ihre Kündigungen. Das Unternehmen, das seit 1838 in Pirmasens Schuhe produzierte, hatte schon seit einigen Jahren finanzielle Probleme. Der Umsatzeinbruch infolge der Corona-Pandemie führte dazu, dass die Produktion der Kaiser-Schuhe in Pirmasens endgültig eingestellt wurde. Die neuen Investoren wollen das Firmengebäude erhalten, aber so wie es aussieht, werden dort keine Schuhe mehr produziert werden. Was wird künftig in das Haus einer der ältesten Schuhfabriken Europas einziehen?

UMWIDMUNG VON FABRIKEN

Auf kreative Köpfe will Pirmasens in Zukunft verstärkt setzen, um die neue Nutzung der einstigen Schuhfabriken und verlassenen Militärgebäude voranzutreiben. Die Stadt hat einige Jahre gebraucht, bis sie sich von dem Rückgang der Kaufkraft erholt hatte, nachdem zuerst 20 000 Arbeitsplätze in der Schuhindustrie verloren gegangen waren und dann 10 000 weitere nach dem Abzug der amerikanischen Soldaten. Auf dem Gelände der Husterhöh-Kaserne hat sich im Jahr 2000 die Hochschule Kaiserslautern eingerichtet, die dort mit der deutschen Schuhfachschule und dem internationalen Schuhkompetenzzentrum vernetzt ist. So bleibt das Thema Schuh weiter präsent, auch auf internationaler Bühne. Beim »Crazy Shoe Award« in Wien haben in der Regel die Pirmasenser Schüler die Nase vorn. Nach zwei Jahrzehnten wächst die Bevölkerung in Pirmasens wieder, so entstehen in alten Fabriken oder auf deren Arealen Wohnungen.

SCHWERES PFAFF-ERBE

Was für Pirmasens die Schuhfabrikation, war für Kaiserslautern die Produktion von Nähmaschinen und Garnen. Mit dem früheren Pfaff-Gelände tut man sich schwer in der Stadt. 10 000 Menschen arbeiteten dort zu Spitzenzeiten, entsprechend groß ist das innenstadtnahe Gelände. Wie viel soll abgerissen werden, was darf bleiben? Schließlich geht es auch um das historische Erbe. Doch die Unternehmenspleite ließ nicht nur architektonisch wertvolle Gebäude, sondern auch stark belastete Böden zurück.

Die Kammgarnspinnerei in Kaiserslautern, einst einer der modernsten Textilbetriebe der Bundesrepublik, musste 1983 ihre Tore schließen. Hier ist die Konversion bereits Geschichte: In den ehemaligen Industriegebäuden haben die Hochschule Kaiserslautern sowie das Veranstaltungszentrum »Kammgarn« Einzug gehalten, das Pop, Rock, Jazz und Blues, Kabarett und Infotainment eine Bühne bietet.

Einige Schuhmanufakturen konnten sich behaupten wie Hummel & Hummel in Münchweiler (oben). Eine Vintage-Atmosphäre umgibt das Kulturzentrum Kammgarn (unten).

Teil des Hummel-Unternehmens in Pirmasens: die Sportschuhmarke KangaROOS

Informationen

Kulturzentrum Kammgarn
Schoenstraße 10, 67659 Kaiserslautern,
www.kammgarn.de

Hummel & Hummel Schuhmanufaktur
Neuffer am Park, 66953 Pirmasens,
www.hummelundhummel.de

Dynamikum
In der ehemaligen Schuhfabrik »Rheinberger« in Pirmasens ist das »Dynamikum« zu finden, einerseits Museum, andererseits Experimentierfeld für naturwissenschaftliche Phänomene (Fröhnstr. 8, www.dynamikum.de; Di.–Fr. 9.00–15.00, Sa., So., Fei. 11.00–17.00 Uhr).

Maßstab 1:200.000
MEISENHEIM
LAUTERECKEN
WOLFSTEIN
ROCKEN-HAUSEN
KIRCHHEIM-BOLANDEN
Bolanden
EISENBERG
OTTERBERG
KAISERSLAUTERN
LANDSTUHL
RAMSTEIN-MIESENBACH
KUSEL
BAUMHOLDER
Altenglan
Winnweiler
Enkenbach-Alsenborn
Hochspeyer
Naturpark
Pfälzer Wald
Reichswald
Obermoschel
Waldmohr
Schönenberg-Kübelberg
Miesau
Hütschenhausen
Weilerbach
Otterbach
Mehlingen
Carlsberg
Hettenleidelheim
Weidenthal
Dreisen
Göllheim
Kerzenheim

BEWEGTE LANDSCHAFT, BESCHAULICHE ORTE

Das Nordpfälzer Bergland ist zwischen 200 und 600 Metern hoch. Die höchste Erhebung ist der Donnersberg (687 m). Die hügelige Landschaft wirkt sanft, aber wer dort auf Rad- und Wanderwegen unterwegs ist, spürt, dass die Hügel es ganz schön in sich haben. Die einzige Stadt der Region ist Kaiserslautern.

1 Kaiserslautern

Die Universitätsstadt (101 000 Einw.) hat bewegte Zeiten hinter sich. Mehrere traditionsreiche Unternehmen mussten Ende des 20. Jh. schließen oder sich verkleinern. Dafür hat Kaiserslautern neue Grünflächen gewonnen.

SEHENSWERT

Ein Stadtrundgang beginnt beim 84 Meter hohen **Rathaus** am Willy-Brandt-Platz mit Blick auf die Kaiserpfalz (1152 von Friedrich Barbarossa beauftragt) und das **Casimirschloss** (1571). Teilweise sind nur noch Grundmauern, teilweise wieder aufgebaute Gebäudeteile zu sehen. Beim Bau des **Pfalztheaters** (1995 eröffnet) wurden Teile der alten Stadtbefestigung gefunden. Über die Burgstraße zur **Fruchthalle** (1843/46), im Renaissancestil als Markthalle gebaut, heute Konzert- und Veranstaltungssaal. In einem kleinen Fachwerkhaus, einem der ältesten erhaltenen der Stadt, ist noch heute das **Gasthaus Spinnrädl,** 1742 erstmals erwähnt. Die protestantische **Stiftskirche** gilt als bedeutendste spätgotische Hallenkirche Südwestdeutschlands. Die benachbarte **Adler-Apotheke** ist 1811 aus einer ehemaligen Kapelle entstanden. Am **Synagogenplatz** (Fischerstr. 12) stand bis 1938 die bedeutendste pfälzische Synagoge. Das nördliche Portal wurde rekonstruiert, alle anderen Teile können sich Besucher selbst über fest installierte Medienviewer rekonstruieren, in die sie wie in Ferngläser schauen. Der schönste Platz Kaiserslauterns ist der **Martinsplatz** mit dem Alten Stadthaus (1745, heute Musikschule), dem Rettigschen Haus (Mitte 18. Jh.) und dem ehem. Hotel Zum Donnersberg. Die **Kirche St. Martin** ist Beispiel für eine mittelalterliche Bettelordenskirche.

MUSEEN

Das **Museum Pfalzgalerie** zeigt Werke vom 15. Jh. bis zur Gegenwart und hat eine beachtliche Sammlung impressionistischer Maler. Schwerpunkt ist die Zeit ab dem 19. Jh. (Museumsplatz 1, www.mpk.de; Di., Mi., Fr.–So., Fei. 10.00–17.00, Do. 11.00–20.00). Das **Theodor-Zink-Museum** widmet sich der Stadtgeschichte, der gegenüberliegende **Waldgasserhof** der Volkskunde mit einer Sammlung bäuerlicher und bürgerlicher Möbel (Steinstr. 48, www.stadtmuseum-kl.de; Mi.–Fr. 10.00 bis 17.00, Sa., So., Fei. 11.00–18.00 Uhr).

Kaiserbrunnen in Kaiserslautern (oben).
Die Welt der Düfte in Baalborn (oben rechts).
Kaffeerösterei in Kaiserslautern (rechts).

ERLEBEN

Bei einer Stadionführung sieht man viel hinter den Kulissen des **Fritz-Walter-Stadions** auf dem Betzenberg. Die Termine findet man auf der Homepage (www.fck.de). Im Pfalzgrafensaal des Casimirschlosses beginnt eine Führung durch die **unterirdischen Gänge der Stadt** mit Licht- und Klanginstallationen (www.kaiserslautern.de). Die **Gartenschau** aus dem Jahr 2000 ist in Kaiserslautern zur Dauerschau geworden, integrativ betrieben (Lauterstr. 51, www.gartenschau-kl.de; Ende März–Okt. tgl. 9.00–19.00 Uhr). Eine Referenz an die japanische Partnerstadt Bunkyo-ku ist der **Japanische Garten** mit Teichen, Wasserfällen, Teehäusern und Steinlaternen (Am Abendsberg 1, www.japanischergarten.de; April u. Okt. Di.–So. 10.00–18.00, Mai–Sept. Di.–So. 19.00, Nov.–April Fr.–So. 10.00–17.00 Uhr). Für Tage, an denen kein Gartenwetter ist, empfiehlt sich das **monte mare**, ein Freizeitbad mit großzügiger Saunalandschaft (Mailänder Str. 6, 67657 Kaiserslautern, www.monte-mare.de; Bad tgl. ab 12.00, Sauna tgl. ab 9.30 Uhr).

HOTEL UND RESTAURANT

Direkt am Hammerweiher liegt das **€ Hotel Blechhammer** mit vielfältiger Küche und schöner Sonnenterrasse (Am Hammerweiher 1, 67659 Kaiserslautern, Tel. 0631 41 47 35 0, www.blechhammer-kl.de).
Im **€ Spinnrädl** kommen die Pfälzer Klassiker auf den Tisch, aber auch Vegetarier finden in der wunderschönen alten Weinstube ein passendes Angebot (Schillerstr. 1, 67655 Kaiserslautern, Tel. 0631 6 05 11, www.spinnraedl.de; Mo.–Fr. ab 17.00, Sa. ab 10.00 Uhr).

UMGEBUNG

Bei der US-Air Base in **Ramstein** (ca. 18 km westl.) ist das Dokumentations- und Ausstellungszentrum zur Geschichte der US-Amerikaner in Rheinland-Pfalz, kurz Docu Center Ramstein, in drei Container eingezogen. Alltagsobjekte sind genauso ausgestellt wie historische Dokumente (Schernauer Str. 46, 66877 Ramstein-Miesenbach, www.dc-ramstein.de; Di.–So. 14.00–17.00 Uhr, Winterpause).

INFORMATION
Tourist Information, Fruchthallstr. 14, 67655 Kaiserslautern, Tel. 0631 3 65 23 17, www.kaiserslautern.de

2 Otterberg

Im Talkessel des Otterbachs, 5 Kilometer nördlich von Kaiserslautern, liegt die kleine Stadt Otterberg (5400 Einw.).

SEHENSWERT
Die **Abteikirche** der Zisterzienser (1168–1254) dominiert das Stadtbild. Die gesamte Architektur ist schlicht, wie es dem Reformorden entsprach. Nach der Reformation verließen die letzten drei Mönche und der Abt 1561 die Kirche. 1579 kamen Wallonen nach Otterberg, reformierte Glaubensflüchtlinge aus den Spanischen Niederlanden. 1581 erhielt Otterberg die Stadtrechte. Aus dieser Blütezeit stammen viele der alten **Fachwerkhäuser.** Ab 1685 wurde die Abteikirche von Protestanten und Katholiken simultan genutzt, ab 1708 durch eine Mauer getrennt. Bei der jüngsten Renovierung (1979) wurde die Mauer wieder entfernt. Einen guten Überblick über die lichtdurchflutete Kirche bekommt man, wenn man sich in die erste Bank des linken Querhauses setzt.

Tipp

Düfte für jede Nase

Dann, wenn die Straße nicht mehr wirklich weiter führt, ist man richtig im Duftparadies in Mehlingen-Baalborn. Rund 100 Flaschen stehen wie in einer Bar im Verkaufsraum des Parfum-Outlets. Die Kunden geben die Duftrichtung an und die Beraterinnen machen Vorschläge. Klassisch-frisch oder betörend-sinnlich? Für alle Wünsche gibt es einen Duft. In den Sommermonaten hat das Parfümmuseum geöffnet, inspiriert vom Film »Das Parfum«.

PARFÜMMUSEUM
Kehrstr. 18, 67678 Mehlingen-Baalborn, www.parfuemmuseum.de; April–Okt. Do. und Fr. Führungen 14.00 und 15.00 Uhr; Outlet ganzjährig Mo.–Fr. 9.00–12.00 und 13.00 bis 16.00, Di. bis 18.30 Uhr

Star von Kusel: Tenor Fritz Wunderlich (oben). Die Burgruine Lichtenberg (oben rechts). Gartenschaugelände Kaiserslautern (rechts).

Ein Stück die Kirchstraße entlang steht die **historische Schmiede Theis** (1. Sa. im Monat ab 16.30 Uhr mit Vorführung). Die **Stadtmauer** ist zu mehr als der Hälfte erhalten, war aber immer mehr Grenze als Verteidigungswerk. Teile dienen als Stützmauer für Altstadthäuser.

ERLEBEN
Durch die **Mehlinger Heide** führt ein Wanderweg, den man ganzjährig gehen kann, im Juli und August ist er aber am schönsten. Dann werden auch Themen- und Sonnenuntergangswanderungen angeboten (Parkplatz an der L401, Termine unter www.mehlinger-heide.de).

UMGEBUNG
Die ehemalige evangelische Kirche von **Otterbach** (4 km westl.) ist heute **Motorradmuseum**. 80 Jahre Geschichte des Motorrads sind dort dokumentiert (Otterstr. 4, 67731 Otterbach, www.motorradmuseum-heinz-luthringshauser.com; April–Okt. So., Fei. 11.00–16.00 Uhr). Otterberg und Otterbach liegen am **Pfälzerland-Radweg,** der Radfahrer ohne große Höhenunterschiede über 48 Kilometer von Altenglan über die Mehlinger Heide bis nach Enkenbach bringt.

INFORMATION
Tourist-Information, Hauptstr. 54, 67697 Otterberg, Tel. 06301 60 78 00, www.otterberg.de

3 Rockenhausen

Das Städtchen Rockenhausen (5400 Einw.) hat eine schön restaurierte Altstadt mit Häusern vor allem aus dem 18. und beginnenden 19. Jh. und interessante Museen.

SEHENSWERT
In einem ehemaligen Gutshof mit Fachwerk zeigt das **Museum für Zeit** (Am Schloss 10, www.rockenhausen.de; Di.–So. 14.30–17.30 Uhr) Turmuhren, Sand-, Wasser- und Sonnenuhren. Das Carillon, Glockenspiel mit 37 Glocken, am Dachgiebel zum Schlosspark hin spielt viermal am Tag unterschiedliche Lieder. Im **Museum Pachen** ist eine private Sammlung moderner Kunst des 20. Jh. ausgestellt, unter den Gemälden und Plastiken auch zwei Spätwerke von Otto Dix (Speyerstr. 3, www.rockenhausen.de; Di.–So. 14.30–17.30 Uhr).

UMGEBUNG
Das alte Agfa-Schild weist den Weg zum **Museum für Fotografie und Fotografenhandwerk** in **Winnweiler** in den original erhaltenen Geschäftsräumen eines ehemaligen Fotohauses (Falkensteiner Weg 2, 67722 Winnweiler, www.fotomuseum-winnweiler.de; April bis Dez. 1. und 3. So. 14.30–17.30 Uhr).

INFORMATION
Touristinfo, Bezirksamtstr. 7, 67806 Rockenhausen, Tel. 06361 45 10, www.rockenhausen.de

4 Meisenheim

Die Altstadt von Meisenheim (2900 Einw.) konnte sich kontinuierlich seit dem 14. Jh. entwickeln, da das Städtchen im Glantal nie zerstört wurde.

SEHENSWERT
Über die Glan und das **Untertor** kommt man noch heute in die Stadt. Es ist das einzig erhaltene Stadttor. Die **Stadtmauer** ist in Teilen gut erhalten und begehbar. Der Rapportierplatz ist neben dem Marktplatz die einzige größere Fläche zwischen den Gassen. Bevor die Soldaten dort antreten mussten, war der Platz Viehmarkt, heute säumen ihn Cafés. Die **Pfarrkirche St. Antonius** wurde im 17. Jh. gebaut, um die Gegend zu katholisieren. Biegt man von der Straße Klenkertor in die Obergasse, kommt man zum ältesten Haus in Meisenheim, dem **Boos von Waldeck'schen Hof**. Das Fachwerkhaus Ritterherberge (1580) war vermutlich

Treffpunkt der Ritterfamilien. Die **Schlosskirche** (1479–1504) gilt als bedeutendes Werk der Spätgotik mit eindrucksvollem Gewölbe und einer Rokoko-Kanzel. Das **Gelbe Haus** (1497) in der Amtsgasse gehört zu den ältesten Fachwerkbauten der Region. An der Kreuzung Untergasse und Rathausgasse steht das spätgotische **Rathaus** (1508) mit einer früher als Marktstätte genutzten Halle im Erdgeschoss.

INFORMATION
Tourist-Information,
Untergasse 16, 55590 Meisenheim,
Tel. 06751 81 11 71,
www.stadt-meisenheim.de

5 Kusel

Kusel (6500 Einw.) zeigt sich den Besuchern widersprüchlich. Einerseits schöne Häuser-Ensembles wie am Marktplatz, andererseits abblätternde Fassaden. Stadt und Bürger gehen mit viel Elan gemeinsam die Neugestaltung an.

SEHENSWERT
Das **Stadt- und Heimatmuseum** in einem Gebäude mit klassizistischer Fassade (Marktstr. 27, www.museum.kusel.de; Di.–So. 14.00 bis 17.00 Uhr) geht ausführlich auf die Stadtgeschichte mit mehreren Bränden ein und erinnert multimedial an den berühmtesten Sohn der Stadt, den Tenor Fritz Wunderlich.

RESTAURANT
Wer Schnitzel mag, ist im **€ Deutschen Haus** in Kusel bestens aufgehoben. Aber auch Vegetarier finden Gerichte auf der Speisekarte. Im Sommer Biergarten auf dem Weiherplatz (Weiherplatz 24, 66869 Kusel, Mi.–So.).

UMGEBUNG
Den Weg der Auswanderer aus der Pfalz in die neue Heimat über 300 Jahre zeichnet das **Auswanderermuseum** in einer ehemaligen Scheune in **Oberalben** nach (7 km nördl.; Hauptstr. 3b, 66871 Oberalben, www.auswanderermuseum.de; 1. u. 3. So. 14.00–17.00 Uhr). Die **Burg Lichtenberg** (5 km nordw.) ist eine der größten Anlagen ihrer Art in Deutschland. Sie wurde vom 12.–15. Jh. wiederholt ausgebaut und vergrößert, nie zerstört. Neben einer Jugendherberge und einem Restaurant beherbergt sie auch das **Urweltmuseum Geoskop** und das **Musikantenland- und Naturkundemuseum** (Burgstr. 17, 66871 Thallichtenberg, www.burglichtenberg.pfaelzerbergland.de; April–Okt. Di.–So. 10.00–17.00, sonst 12.00 bis 17.00 Uhr). Für die landschaftlich abwechslungsreiche **Draisinentour durchs Glantal** von Altenglan nach Staudernheim stehen verschiedene Gefährte zur Verfügung (www.draisinentour.de; März–Okt. tgl. ab 9.00 Uhr).

INFORMATION
Tourist-Information, Bahnhofstr. 67,
66869 Kusel, Tel. 06381 42 42 70,
www.pfaelzerbergland.de

SCHÄTZE AUS DEM BERG

Eisen- und Kupfererze holten vor gut 2000 Jahren römische Bergleute aus den Gruben bei Imsbach. Später wurden auch Silber, Blei, Quecksilber, Mangan und Kobalt abgebaut. Bis dann Anfang des 20. Jahrhunderts die Vorräte erschöpft waren. Jetzt fahren Besucher in die Gruben ein.

Die »Weiße Grube«, eine der ältesten des Reviers, ist seit 1979 für Besucher offen, die Grube »Maria« seit 2006. Von April bis Oktober können Besucher für etwa eine Stunde in den Berg »einfahren«. Das bergmännische »Einfahren« macht man zu Fuß, weshalb sich festes Schuhwerk empfiehlt. Auch eine Jacke wäre nicht schlecht, da im Stollen eine konstante Temperatur von etwa 12 Grad Celsius zu erwarten ist. Helme und Umhänge bekommt jede Besucherin und jeder Besucher vor dem Start durch die engen unterirdischen Gänge im Grubenhaus.

Wie mühsam die Arbeit der Bergleute war, wird in beiden Gruben klar, auch wenn in der letzten Phase des Imsbacher Bergbaus Anfang des 20. Jahrhunderts bereits Sprengstoff zum Einsatz kam. In der Grube »Maria« erforscht man den Bergbau auf

Die Bergwerksbesucher werden von kompetenten Fachleuten geführt.

zwei Ebenen oder »Sohlen«, wie die Bergleute diese nennen. Der Hauptstollen führt kerzengerade 250 Meter in den Berg. Über eine Wendeltreppe in einem Schacht geht es zum etwa 15 Meter höher liegenden oberen Stollen, vorbei an engen Gängen aus dem 18. Jahrhundert. Und der Weg zurück? Den gibt es nicht. Die Grube »Maria« verlassen die Besucher überraschenderweise auf der anderen Seite des Bergs.

Besucherbergwerke: »Weiße Grube« und Grube »Maria«, Langental 1, 67817 Imsbach, Tel. 06302 34 48 und Pfälzisches Bergbaumuseum, Ortsstraße 2, 67817 Imsbach, www.bew-imsbach.de; April–Okt. So., Fei. 13.00–17.00 Uhr, Führungen stündlich.

Wandern: Wer nun noch mehr erfahren will, kann einen von drei montanhistorischen Wanderwegen (zwischen 3,3 und 7 Kilometer lang) mit Informationstafeln gehen. Routen: www.bew-imsbach.de.

Schöne Mitbringsel

»PALZ FER DEHÄÄM«

Wer in der Pfalz auf den Geschmack gekommen ist, kann sich in vielfältiger Form ein Stück Lebensart mit nach Hause nehmen, sozusagen »Palz fer dehääm«. Das müssen nicht nur ein paar Flaschen Wein oder Sekt sein, das kann auch Kaffee sein, Pralinen oder einfach ein paar Dubbegläser.

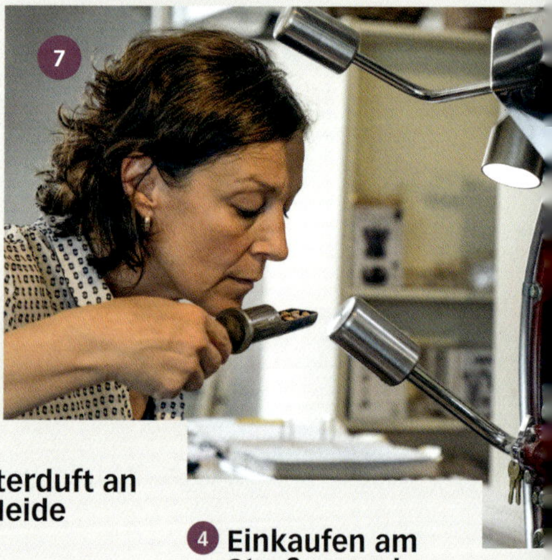

1 Saumagen

Der Laden der Metzgerei Hambel ist klein, liegt ein bisschen versteckt in der Wachenheimer Hintergasse, aber der Name ist in der Genießerwelt ganz groß. Besonders in Sachen Saumagen. Den gibt es nicht nur klassisch mit Schweinefleisch, Kartoffeln, Muskatnuss, Koriander, Nelken und Majoran, sondern auch mit Chili, im Frühjahr mit grünem Spargel oder im Herbst mit Maronen. Verkosten kann man den Saumagen Di.–Sa. im benachbarten »Hambels Restaurant«.

Metzgerei Hambel, Hintergasse 1, 67157 Wachenheim, Tel. 06322 46 13, Restaurant 06322 9 56 33 40, https://metzgerei-hambel.de

2 Frühlingsstimmung aus der Pralinentheke

Um die blühenden Mandelbäume in der Pfalz zu sehen, muss man im Frühjahr kommen. Mandelpralinen, Schokomandeln und Mandelgebäck gibt es in den Confiserien eigentlich immer. Zum Beispiel bei der Rebmann Manufaktur in Bad Bergzabern. Man muss die Innenstadt verlassen und Richtung Friedhof gehen, um die Köstlichkeiten zu finden. Oder man schaut beim bio-zertifizierten »Neuen Herzog« vorbei und probiert einen Nussnugatwürfel: Mandelnugat, umhüllt mit hellem Kakao und gebrannten Mandeln. Da macht es auch gar nichts, dass die Mandeln in der Regel nicht von den Pfälzer Mandelbäumen stammen.

René Rebmann, Petronellastr. 33, 76887 Bad Bergzabern, Tel. 06343 9 89 38 83, www.cafe-rebmann.de

Das Neue Herzog, Marktstr. 48, 76887 Bad Bergzabern, Tel. 06343 15 35, www.cafe-herzog.de

3 Kräuterduft an der Heide

Ein garantiert echt Pfälzer Pflänzchen für den heimischen Garten oder Balkonkasten gibt es in Gerdas Kräuter- und Duftpflanzengarten bei Otterberg. 350 bis 400 Kräuter und Duftpflanzen kultiviert Gerda Marschall über Stecklinge und Aussaat. Seit 2005 betreibt sie ihre Gärtnerei, in der ausschließlich Bio-Kräutererde zur Nahrung der Pflanzen und Nützlinge zu deren Schutz zum Einsatz kommen. Entdeckt die leidenschaftliche Kräutergärtnerin irgendwo ein Pflänzchen, das sie noch nicht im Sortiment hat, wird ein Steckling genommen und großgezogen.

Gerda Marschall, Münchschwanderhof 3, 67697 Otterberg, Tel. 0170 2 97 36 11, www.kraeuter-gerda.de

4 Einkaufen am Straßenrand

Gut, dass einige Ortsdurchfahrten in der Pfalz auf Tempo 30 begrenzt sind. Sonst gäbe es wohl manchen Auffahrunfall mehr, wenn der eine oder andere Autofahrer unvermittelt auf die Bremse tritt, um am Straßenrand einzukaufen. Fast das ganze Jahr über bieten Erzeuger an, was sie vom Feld holen, nicht nur die beliebten Pfälzer Kartoffeln, die Grumbeere. Im Herbst ist das Angebot ganz besonders üppig und bunt. Tomaten, Äpfel, Quitten, Pflaumen, Nüsse, Kürbisse und manchmal auch eine Flasche Wein oder Schnaps oder ein Glas hausgemachte Marmelade stehen da am Straßenrand. Hin und wieder gilt Selbstbedienung, aber bitte nicht die Kasse übersehen.

5 Rotes Gold auf Pfälzer Acker

Georg Wiedemann vom Weinessiggut Doktorenhof ist experimentierfreudig. So beschloss er vor mehr als 30 Jahren, statt Wein Essig herzustellen und überzeugt seitdem mit einer Vielfalt feiner Essige zum Kochen und zum Trinken. Vor einigen Jahren hat er sich an eine alte Pfälzer Tradition erinnert, den Anbau von Safran. Mit 25 000 Safranzwiebeln, importiert aus dem Iran, fing Wiedemann an und erntete im Jahr 2013 erstmals die roten Stempelfäden aus den violetten Blüten, die an Herbstzeitlose erinnern. Alles in Handarbeit, wie bei der Essigherstellung. Und dann müssen die Fäden auch noch ein Jahr lang trocknen, bevor sie verwendet werden können. Kein Wunder, dass Safran zu den teuersten Gewürzen der Welt zählt. Georg Wiedemann hat feinsten Balsamessig und Safran zusammengebracht, mit dem man Speisen verfeinern kann oder der mit Honig vermischt wunderbar zu Ziegen- oder Schafskäse passt. Erhältlich auf dem Doktorenhof in Venningen. Dort kann man auch weitere Essigspezialitäten verkosten.

Weinessiggut Doktorenhof, Raiffeisenstr. 5, 67482 Venningen, Tel. 06323 55 05, doktorenhof.de

6 Pfalzprodukte online

Wer sich in der Pfalz an das Dubbeglas gewöhnt hat, muss zu Hause nicht darauf verzichten. Im Pfalz-Shop gibt es den Klassiker mit 0,5 Liter Inhalt oder als kleine Variante mit 0,25 Liter. Martin Lutz und Gernot Schwinn nehmen das Dubbeglas als Vorlage und machen Holztische, Hocker, Windlichter, Würfel- und Eierbecher im Dubbestil. Alles Pfälzer Handarbeit. Falls es bis zum Pfalzurlaub noch dauert, kann man im Shop von pfalz.de all die Leckereien kaufen, die vor Ort so gut schmecken. Pfälzer Spezialitäten sind in verschiedenen Kisten zusammengestellt.

shop.pfalz.de; dubblikat.de; pfalz-shop.de

7 Kaffeearoma liegt in der Luft

Auch Stephanie und Christian Bebensee haben zuerst einmal viel experimentiert, bevor sie 2012 ihr Café mit Rösterei in Kaiserslautern eröffneten. Jetzt haben sie den Dreh raus. 15 bis 19 Minuten bleiben die unterschiedlichen Rohkaffees bei maximal 220 Grad C im Trommelröster. Und darin liegt der größte Unterschied zum Industriekaffee, der bei deutlich höheren Temperaturen deutlich kürzer geröstet wird. Geschmacksvariationen wie in den kleinen Röstereien sind beim Supermarktkaffee kaum möglich, und so frisch geröstet ist er nach langen Lieferwegen auch nicht mehr. Wer nicht weiß, welche Kaffeesorte er nehmen soll, kann sich im Café der Bebensees durch die Karte trinken und dann entscheiden.
Ein Konzept, das Kaffeeliebhaber in der Pfalz immer häufiger finden, beispielsweise auch in Neustadt, Landau und Bad Bergzabern.

Kaffeerösterei, Steinstr. 27, 67657 Kaiserslautern, Tel. 0631 36 60 06 51, kaffeeroesterei-kaiserslautern.de

Parezzo, Marktstr. 53, 76829 Landau, Tel. 06341 94 25 55, parezzo.de

HILFREICH & NÜTZLICH

Keine Reise ohne Planung. Auf den folgenden Seiten haben wir für Sie Wissenswertes und wichtige Informationen für Ihren Pfalz-Urlaub zusammengefasst.

Die vielen Feste in der Pfalz machen einfach gute Laune.

Anreise

Mit dem Auto: Die Autobahn A 6 führt quer durch die Region von Saarbrücken im Westen kommend über Kaiserslautern nach Mannheim im Nordosten. Weitere wichtige Verbindungsstraßen sind die A 61 von Koblenz über Worms nach Speyer, die A 62 aus dem saarländischen Nonnweiler nach Pirmasens, die A 63, die von Mainz nach Kaiserslautern führt, und die A 65, die die Weinstraße erschließt. Auf der B 10 kommt man am schnellsten von Landau nach Primasens, auf der B 9 von Wörth nach Speyer.
Mit der Bahn: Knotenpunkt für alle ICE-Verbindungen ist der Hauptbahnhof Mannheim. Von dort fahren Regionalzüge zu den größeren Orten. ICE-Züge halten auch in Neustadt und Kaiserslautern. Darüber hinaus fahren S-Bahnen und Busse (www.bahn.de). Für die Mobilität vor Ort findet man beim Verkehrsverbund Rhein-Neckar (VRN) Verbindungen (www.vrn.de). Fahrräder können montags bis freitags ab 9.00 Uhr und an Wochenenden ganztägig kostenfrei mitgenommen werden. Alle Verbundsysteme für Bus und Bahn in Rheinland-Pfalz sind unter www.rolph.de gesammelt.
Mit dem Flugzeug: Am besten eignet sich der Flughafen Frankfurt/Main für eine Anreise aus der Luft. Von dort weiter mit dem ICE über Mannheim in die Pfalz.

Auskunft

Pfalz.Touristik e.V.
Martin-Luther-Str. 69
67433 Neustadt an der Weinstraße
Tel. 06321 3 91 60, www.pfalz.de

Ermäßigungen

Mit der **Pfalzcard** bietet die Urlaubsregion Pfalz ihren Gästen eine Karte, die freie Fahrt in Bussen und Regionalbahnen sowie freie Eintritte in zahlreiche Museen und Freizeiteinrichtungen gewährt. Das Tourismusprojekt umfasst 130 Hotels, Ferienwohnungen und Jugendherbergen, 130 Freizeitangebote und soll anregen, die Pfalz als Ganzes zu erkunden. Die Gäste erhalten die kostenlose Karte ab der ersten Nacht, finanziert wird sie durch eine Umlage der teilnehmenden Betriebe, von denen einige freien Eintritt gewähren. Weitere Infos sowie eine Liste der beteiligten Freizeiteinrichtungen und Unterkünfte unter www.pfalzcard.de.

Essen und Trinken

Gerichte: Die Pfälzer Küche ist von ihrem Ursprung her deftig und manchmal ist so auch die Bezeichnung der Gerichte. Ein **Pfälzer Sack** zum Beispiel besteht aus einer Bratwurst mit je einem Leberknödel rechts und links der Wurst dekoriert, ein **Schiefer Sack** hat nur einen Knödel. Immer serviert mit Sauerkraut und duftendem Bauernbrot. So auch auf dem **Pfälzer Teller,** auch »Pfälzer Dreifaltigkeit« genannt, neben Bratwurst, Leberknödel und Saumagen. Der **Saumagen** hat überregionale Berühmtheit zu der Zeit erlangt, als Helmut Kohl Bundeskanzler war, da er ihn gerne internationalen Staatsgästen servieren ließ. Die Kartoffel, die im Saumagen verarbeitet wird, spielt gerne auch die Hauptrolle, etwa als **Gequellte mit weißem Käs,** also Pellkartoffeln mit Quark. Oder als **Bebreedelte,** Bratkartoffeln mit Speck und/oder ausgebratener Leberwurst. Kartoffelklöße mit Specksoße stehen auf der Speisekarte wie Kartoffelsuppe. Im Frühjahr führt kein Weg am **Spargel** vorbei, Aus dem benachbarten Elsass haben die Pfälzer den **Flammkuchen** übernommen.
Nicht unbedingt als Dessert sind die **Dampfnudeln** gedacht, deren Teig aus Mehl, Hefe, Milch und Eiern geknetet wird.
Getränke: In der Pfalz ist natürlich **Wein** das meistgetrunkene Getränk zum Essen. Riesling ist die Hauptrebsorte, doch je nach Boden gibt es große Unterschiede. Von der Südlichen Weinstraße kommen auch schöne Burgunderweine, Grau-, Weiß- oder Spätburgunder. Bei der **Pfälzer Schorle** ist der Weinanteil deutlich höher als der des Wassers.

Feste

Im März und April feiern die Pfälzer und Tausende von Gästen die **Mandelblüte** mit Wanderungen, Festen, Lichtinstallationen und leckeren Mandelgerichten (www.mandelbluete-pfalz.de). Fast das ganze Jahr über wird der Wein gefeiert. Am letzten Sonntag im August wird sogar von 10.00 bis 18.00 Uhr die komplette Weinstraße für den Autoverkehr gesperrt, um zu feiern. Im Januar machen Landau-Nußdorf und Freinsheim den Auftakt, Anfang März wird bei den Bad Dürkheimer **Weinbergnächten** und Anfang April bei **Wein am Dom** in Speyer gefeiert. In Rhodt unter Rietburg feiern Einheimische und Gäste an Pfingsten das **Heimat- und Blütenfest** auf der wunderschönen Theresienstraße. An zwei Wochenenden im Juni/Juli begeht Neustadt-Mußbach das **Eselshautfest**. Mitte Juli feiert das mittelalterliche Freinsheim das **Stadtmauerfest** und Ende Juli Ilbesheim bei Landau das **Kalmitweinfest** mit wunderschöner Aussicht. Das größte Weinfest ist der **Wurstmarkt** in Bad Dürkheim Anfang September. Das älteste Volksfest der Pfalz ist der **Purzelmarkt** in Billigheim Mitte September.
Im Oktober verlagern sich die Feste langsam in die Keller wie am 2. Oktober in Landau-Nußdorf. Der Birkweiler **Weinwinter** im Dezember beschließt den Reigen der Weinfeste. Für einen Überblick gibt es über die Website eine Weinfeste-App: www.pfalz.de/app. In der **Adventszeit** sind in vielen Orten Märkte, allerdings oft nur an Wochenenden.

Kinder

Der **Holiday-Park in Haßloch** bietet Nervenkitzel und Unterhaltung für (fast) alle Altersschichten, auch Shows wie die Wasserski-Stuntshow. Zwei schnelle Achterbahnen gibt es für die Großen, ein Majaland für die ganz Kleinen (Holiday-Park-Str. 1, 67454 Haßloch, www.holidaypark.de; April–Okt ab 10.00 Uhr, im Winter an den Wochenenden Indoor-Angebote). Eine Mischung aus Wild- und Freizeitpark ist der **Kurpfalz Park in Wachenheim.** Attraktiv ist er durch die Tiere: Wildschweine, Rotwild, Mufflons, Wölfe, schwarze und weiße Hirsche. Daneben gibt es eine Schwebebahn und den »Kurpfalz-Coaster«, der mitten durch die Natur sausen lässt (Rotsteig, 67157 Wachenheim, www.kurpfalz-park.de; April–Anfang Nov. ab 9.00, Fahrgeschäfte ab 10.00 Uhr). Im **Fun Forest Park Kandel** können Kinder ab 7 Jahren klettern, für Drei- bis Sechsjährige gibt es ein spezielles Angebot, ab 14 Jahren gibt es weitere Herausforderungen. 24 Hochseilparcours stehen zur Auswahl (Badallee, Nähe Waldschwimmbad, 76870 Kandel, www.kandel.funforest.de; Ende März–Anf. Nov. ab 10.00 Uhr; auch Klettern bei Nacht). Im **Haus der Nachhaltigkeit Johanniskreuz** und im **Wild-**

Nicht nur im Frühling, wenn die Mandelbäume blühen, lässt es sich in der Pfalz gut wandern. Die Wandersaison dauert das ganze Jahr über.

park Silz gibt es für Kinder viele spannende Möglichkeiten, die Natur zu erforschen (www.hdn.wald.rlp.de; www.wildpark-silz.de). Auf dem Gelände der **Gartenschau** in Kaiserslautern warten riesige Dinosaurier auf Fans (Lauterstr. 1, 67659 Kaiserslautern, www.gartenschau-kl.de; April–Okt. tgl. 9.00–19.00 Uhr). Im **Dynamikum** können Kinder ihren Bewegungsdrang ausleben und dabei spielerisch viel über Naturwissenschaft lernen (Fröhnstr. 8, Im Rheinberger, 66954 Pirmasens, www.dynamikum.de; Di.–Fr. 9.00–15.00, Sa., So., Fei. 11.00 bis 17.00 Uhr).

Pfälzisch

Das Pfälzische wird in allen Generationen als »Muttersprooch« gepflegt. Sie strahlt etwas Fröhliches, Leichtes aus, selbst wenn die Pfälzer auf einen »Dummbeidel« schimpfen. Ein paar Worte sollte man kennen wie »nunnerzus« für hinunter bei Wegbeschreibungen oder »anno Duwak«, wenn aus der Vergangenheit erzählt wird. Ein »Trollschoppe« ist das letzte Glas, bevor man dann doch mal nach Hause geht, wobei »Schoppe« immer den halben Liter meint. Wenn dieser leer ist, wird nochmals unmissverständlich klargestellt: »Jetzt missemer awwer geh.« Oder es wird noch ein Trollschoppen bestellt. Zu Hochform laufen Pfälzer auf, wenn sie von der Jagd auf »Elwedritsche« (oder Elwetritsche) erzählen, wobei da keiner so genau weiß, was es zu jagen gilt. Die Elwedritsche ist ein (Fabel-)Wesen, einem Vogel/Huhn nicht unähnlich, gut zu erkennen auf Elwedritsche-Darstellungen und Brunnen in der Pfalz. Die Wesen sollen sich nachts zeigen, vor allem in Vollmondnächten. Zur Jagdausrüstung gehören ein Sack und eine Laterne und meistens viel Wein. Man ruft »Tritsch, tritsch« und hofft, gehört zu werden. Eine große Gaudi, die mancherorts auch für Touristen angeboten wird.

Restaurants

Außer in Weinstuben und in Restaurants wird auf den **Hütten** des Pfälzerwaldvereins stets gut und frisch gekocht, manche sind aber nur am Wochenende geöffnet (www.pwv.de). Auch in einigen **Vinotheken** entlang der Weinstraße kann man gut und günstig essen. Infos: www.pfalz.de. Eine kleine Auswahl von Restaurants wird auf den Infoseiten vorgestellt.

Preiskategorien

€€€	Hauptspeisen	über 30 €
€€	Hauptspeisen	15–30 €
€	Hauptspeisen	bis 15 €

Sport

Wandern: Bei 12 000 Kilometer Wanderwegen sind Wandern und Nordic-Walking im Pfälzerwald, entlang der Weinstraße und im Nordpfälzer Bergland das große Sportthema. Insgesamt 58 Prädikatswanderwege sind ausgeschildert. Infomaterial gibt es vor Ort. Drei große Fernwanderwege durchziehen die Pfalz. Der **Pfälzer Höhenweg** im Norden führt ab Winnweiler im Donnersbergkreis auf 114 Kilometern nach Wolfstein im Kreis Kusel, der **Pfälzer Waldpfad** auf 144 Kilometern von Kaiserslautern nach Schweigen und der **Pfälzer Weinsteig** auf 172 Kilometern von Bockenheim ebenfalls nach Schweigen. »Wandern ohne Gepäck« wird angeboten (www.pfalz.de/de/pfalz-erleben/wandern; www.kleins-wanderreisen.de; www.gepaeckservice-pfalz.de).
Radfahren: Viele Wege sind ausgeschildert, für Trekkingrad, Mountainbike oder E-Bike. Durch den Pfälzerwald führen 20 Mountainbike-Strecken von mehr als 900 Kilometern Länge (www.mountainbikepark-pfaelzerwald.de). 34 Themenradtouren führen über 2000 Kilometer Strecke (www.tourenplaner-rheinland-pfalz.de). Verleih- und Ladestationen für E-Bikes gibt es im gesamten Gebiet (www.pfalz.de). Der **Bikepark Trippstadt** im Pfälzerwald weist Strecken unterschiedlichen Schwierigkeitsgrades auf (am Kreisel vor Ortseingang Trippstadt von Stelzenberg kommend).
Baden: Naturfreibäder haben ihren eigenen Charme und in der Pfalz gibt es gleich mehrere. Der **Gelterswoog** bei Kaiserslautern ist der größte unter den Badeseen. Von reinem Quellwasser wird das **Naturfreibad Otterberg** gespeist. Am Rhein eignen sich viele Baggerseen auch zum Schwimmen. **Wellnessangebote** findet man im Felsland-Bad in Dahn, in den Thermen in Bad Bergzabern und Bad Dürkheim, im monte mare in Kaiserslautern und im La Ola Freizeitbad in Landau.
Reiten: 26 Pfalz-zu-Pferd-Stationen gibt es, wo Ross und Reiter auf Touren übernachten

Info

Daten & Fakten

Landesnatur und Klima: Die Nordpfalz ist ein hügeliges bis bergiges Land, überragt vom Donnersberg (687 Meter). Der Pfälzerwald ist ein Buntsandsteingebiet mit Höhen bis zu 673 Metern (Kalmit). Nach Osten fällt das Gebirge zur Haardt mit Höhen von rund 200 Metern hin ab und läuft in der Vorderpfälzer Rheinebene aus. Da vorwiegend Westwinde das Klima bestimmen, liegen die Orte der Weinstraße sehr günstig im Wind- und Regenschatten des Pfälzerwaldes. Dadurch herrscht an der Weinstraße fast mediterranes Klima vor, weshalb nicht nur Trauben, sondern auch Zitronen, Feigen und Kiwis reifen. Schon im März und April blühen die Mandelbäume an der Weinstraße.
Die geringsten Niederschläge fallen im März/April und im September/Oktober. Im Sommer kann es in der Rheinebene durchaus auch schwül sein.
Natur: Der Pfälzerwald ist das erste grenzübergreifende Biosphärengebiet in Europa. Im Norden ist er kaum besiedelt und gilt als das größte zusammenhängende Waldgebiet Deutschlands. Im Süden geht der Pfälzerwald kaum merklich in die Nordvogesen über. Nördlich schließt das Naturschutzgebiet Mehlinger Heide an, die größte Heidefläche Süddeutschlands, entstanden aus einem ehem. Truppenübungsplatz. Das Landschaftsschutzgebiet Erdekaut bei Eisenberg ist nach Auflassung von Tongruben entstanden.
Wirtschaft: Die 1,3 Millionen Pfälzer arbeiten häufig in Weinbau, Landwirtschaft und Tourismus. Weitere Arbeitsplätze, wenn auch nicht mehr so viele wie früher, bieten die Schuhproduktion, vor allem in Pirmasens, das Chemieunternehmen BASF in Ludwigshafen sowie die Daimler Truck AG mit einem Lkw-Montagewerk in Wörth und die Mercedes-Benz Group mit einem Ersatzteillager in Germersheim, jeweils weltweit die größten ihrer Art. Kaiserslautern setzt auf eine Zukunft in der Informationstechnologie.

Die Theresienstraße in Rhodt unter Rietburg führt an Winzerhöfen vorbei bis zur Villa Ludwigshöhe.

Info

Geschichte

5000 v. Chr.: Steinzeitliche Siedlung in Herxheim
1300 v. Chr.: Bronzezeitliche Siedlung bei Speyer (goldener Hut von Schifferstadt)
ab 800 v. Chr.: Kelten besiedeln die Pfalz
50 v. Chr.: Römische Militärstützpunkte bis 400 n. Chr.
1027: Der Salier Konrad II. wird Kaiser, gibt den Auftrag zum Bau des Speyerer Doms
1125: Die Staufer erheben Trifels zur Reichsburg
1152: Friedrich I. Barbarossa legt den Grundstein für die Pfalz in Kaiserslautern, zahlreiche Burgen entstehen in der Folgezeit
1214: Friedrich II. belehnt das Haus Wittelsbach mit der Pfalzgrafschaft
1294: Wittelsbacher trennen sich in bayerische und pfälzische Linie
14. Jh.: Die Pest wütet auch in der Pfalz
1521: Luther beim Reichstag in Worms
1524/25: Bauernkrieg
1556: Einführung der lutherischen Lehre
1618–1648: Große Verwüstungen durch Dreißigjährigen Krieg
1688–1697: Im Pfälzischen Erbfolgekrieg werden viele Orte niedergebrannt
1705: In der Religionsdeklaration erhalten Katholiken und Protestanten das Recht auf eine Kirche an jedem Ort; wo das nicht möglich ist, werden Kirchengebäude durch eine Mauer geteilt (Simultankirchen)
1797: Die Pfalz wird französisch
1816: Auf dem Wiener Kongress wird die Pfalz Bayern zugesprochen
1832: Beim Hambacher Fest fordern rund 30 000 Menschen demokratische Rechte ein
1865: Die BASF (Badische Anilin- und Sodafabrik) wird in Ludwigshafen gegründet
1918–1930: Nach dem Ersten Weltkrieg französische Besetzung der Pfalz
1935: Die Deutsche Weinstraße wird eröffnet
1946: Die Pfalz wird französische und amerikanische Besatzungszone; im August wird das Bundesland Rheinland-Pfalz gegründet
1951: Bei Ramstein entsteht der größte US-amerikanische Militärstützpunkt in Europa
1954: Mit fünf Spielern des 1. FC Kaiserslautern wird die deutsche Fußballnationalmannschafft Weltmeister in Bern
1970: Kaiserslautern erhält eine Universität
1981: Der Dom zu Speyer wird UNESCO-Weltkulturerbe
1988: Katastrophe mit 70 Toten beim Flugtag in Ramstein durch Zusammenstoß von drei Kunstflugmaschinen
1990: Speyer feiert 2000 Jahre Stadtgründung
1991–1999: Französische und amerikanische Truppen ziehen aus der Pfalz ab
1992: Der Pfälzerwald wird UNESCO-Biosphärenreservat
2000: Erste Landesgartenschau in Rheinland-Pfalz in Kaiserslautern
2006: Kaiserslautern ist Spielort der Fußballweltmeisterschaft
2017: Die Pfalz feiert 500 Jahre Reformation
2021: Die Pfälzer Hüttenkultur wird immaterielles UNESCO-Kulturerbe. Das jüdische Erbe in Speyer, Worms und Mainz wird UNESCO-Weltkulturerbe

können. Routenvorschläge nennt www.diepfalzzupferd.de – mit Informationen, wo man während eines Urlaubs reiten lernen kann.
Klettern: Felsen des Pfälzerwaldes sind ein Dorado für Kletterfans. Auch an der Weinstraße kann man in ehemaligen Steinbrüchen klettern wie in Neustadt-Gimmeldingen oder bei Bad Dürkheim. Tourenvorschläge, Hinweise auf saisonale Sperrungen: www.pfaelzer-kletterer.de. In der Kletterhalle FitzRocks in Landau klettert man indoor (www.fitzrocks.de).
Golf: Plätze für Golffreunde und solche, die es werden wollen, sind in Waldfischbach-Burgalben, in Mackenbach bei Ramstein, in Börrstadt am Donnersberg, in Dackenheim nördlich von Bad Dürkheim, in Limburgerhof, Neustadt und bei Landau (www.golfpost.de).

Unterkunft

Preiskategorien

€€€	Doppelzimmer	über 150 €
€€	Doppelzimmer	100–150 €
€	Doppelzimmer	unter 100 €

Camping: Campingplätze und Wohnmobilstellplätze gibt es in allen Teilen der Pfalz. Im **Klingbachtal** bei Billigheim kann man stilecht in Weinfässern schlafen. Mitten im Wald liegt der Naturcampingplatz **Berwartstein,** wenige Minuten vom Naturbadesee Seehof entfernt. Direkt am See wohnt man auf dem Campingplatz **Clausensee** in Waldfischbach-Burgalben. Auf dem Campingplatz **Donnersberg** können Gäste in Zelten, die zwischen Bäumen schweben, schlafen. Oder die Sterne am Himmel betrachten, denn das Zeltdach ist abnehmbar. Allgemein: www.camping-sw.de.
Jugendherbergen/Hütten: Besonders schön gelegen ist die Herberge in der **Burg Altleiningen.** Wie hier ist in der Nähe von Kusel die Jugendherberge in einer Burg untergebracht, in der **Burg Lichtenberg.** Modern und ansprechend ist die Jugendherberge in **Bad Bergzabern** gestaltet. Direkt bei der Felsformation »Braut und Bräutigam« und nicht weit entfernt vom Felsland-Badeparadies liegt die Jugendherberge in **Dahn.** In **Speyer** kann man nicht viel zentraler wohnen als in der dortigen Jugendherberge am Rheinufer. In **Pirmasens** erwartet eine hochmoderne Stadt-Jugendherberge die Gäste. Infos: www.diejugendherbergen.de; zu den Hütten des Pfälzerwaldvereins: www.pwv.de.
Ferienwohnungen: www.pfalz.de und www.landsichten.de. In Rhodt unter Rietburg hat das Gästehaus **Zweite Heimat** drei unkonventionellen Wohnungen (Theresienstr. 31, www.appartement-rhodt.de).
Das **Haus am Grenzgängerweg** steht fast an der französischen Grenze am Rand von Nothweiler mitten in der Natur und ist sehr naturnah, aber modern gestaltet (www.haus-am-grenzgaengerweg.de).

REGISTER

Impressum

3. Auflage 2024

Verlag: DuMont Reiseverlag, Postfach 3151, 73751 Ostfildern, Tel. 0711/45 02-0, Fax 0711/4502-135, www.dumontreise.de
Geschäftsführer(in): Dr. Stephanie Mair-Huydts, Markus Schneider
Programmleitung: Andrea Wurth
Redaktion: Robert Fischer (www.vrb-muenchen.de)
Text: Cornelia Tomaschko
Exklusiv-Fotografie: Gerald Hänel
Titelbild: laif/Markus Hintzen
Zusätzliches Bildmaterial: S. 3 Tomaschko; S. 79 o.l. Knut Pflaumer, Pfalz Touristik e.V. ; S. 91 o. Mauritius Images/Jan Wehnert S. 92 l. laif/Gerald Hänel; S. 93 u. Huber Images/Robert Maier; S. 107 u. Mauritius Images/SMART RT/Larissa Veronesi; S. 109 u. Kammgarn Kaiserslautern, www.kammgarn.de; S. 120 r. www.palatina-outfitters.de; S. 120 l. SYM/PR (S.Y.M Kulturmanagement); S. 121 o. Weinessiggut Doktorenhof, Venningen; S. 121 u. picture alliance/dpa/Sebastian Gollnow; S. 107 o. l.: © für die Künstler Otto Dix und Karl Schmidt-Rottluff: VG Bild-Kunst, Bonn 2023
Textquellen: S. 75 aus: www.vielpfalz.de/artikel/schorle-genuss-hoch-drei
Grafische Konzeption, Art Direktion: fpm factor product münchen
Layout und Cover Gestaltung: CYCLUS · Visuelle Kommunikation, Stuttgart
Kartografie: © MAIRDUMONT GmbH & Co. KG, Ostfildern
Kartografie Lawall (Karten für »Unsere Favoriten«)

DuMont Bildarchiv: Marco-Polo-Straße 1, 73760 Ostfildern, bildarchiv@mairdumont.com

Anzeigenvermarktung: MAIRDUMONT MEDIA, Tel. 0711/4502-0, media@mairdumont.com, http://media.mairdumont.com
Vertrieb Zeitschriftenhandel: PARTNER Medienservices GmbH, Postfach 810420, 70521 Stuttgart, Tel. 0711/7252-212
Vertrieb Abonnement: Leserservice DuMont Bildatlas, Zenit Pressevertrieb GmbH, Postfach 810640, 70523 Stuttgart, Tel. 0711/7252-265, dumontreise@zenit-presse.de
Vertrieb Buchhandel und Einzelhefte: MAIRDUMONT GmbH & Co KG, Marco-Polo-Straße 1, 73760 Ostfildern, Tel. 0711/4502-0
Reproduktionen: PPP Pre Print Partner GmbH & Co. KG, Köln

Printed in Germany

FSC® www.fsc.org MIX Papier aus verantwortungsvollen Quellen FSC® C155291

WAS **NEHME** ICH MIT

Urlaub erinnern ...

Gut, wenn man im Koffer etwas Platz lässt für T-Shirt, Riesling & Co. – und den sternenübersäten Himmel vor dem inneren Auge mitnimmt.

PFALZLIEBE

Abschiedsschmerz, weil der Urlaub in der schönen Pfalz zu Ende geht? Nun, wer will, kann seine Liebe zur Pfalz überall zeigen. Zum Beispiel auf T-Shirts, Sweatshirts, auf der Handyhülle oder am Ohr als Ohrstecker oder, oder, oder. Entweder im Laden von »palatina outfitters« in Rhodt unter Rietburg oder übers Netz zu bekommen.

JAZZ UND MEHR

Jazzfans in meinem Freundeskreis warten jedes Jahr auf die »palatia jazz«, ein internationales Jazzfestival, dessen Künstler im Sommer an ungewöhnlichen Orten wie der Klosterruine Limburg bei Bad Dürkheim auftreten (Abb.). Am 3. Oktober wandern die Jazzfreunde dann in Deidesheim mit Musikbegleitung durch die Weinberge. Versteht sich von selbst, dass es bei den Musikstationen auch gutes Essen und feine Getränke gibt.

LIEBLINGSORTE

Zu meinen Lieblingsorten in der Pfalz gehört auf alle Fälle das Städtchen Freinsheim mit seiner mittelalterlichen Stadtmauer und den gemütlichen Weinstuben. Was ich bis heute nicht geschafft habe, ist ein Besuch des kleinsten Theaters Deutschlands im mittelalterlichen Casinoturm, im Sommer auf der Wiese davor. Vielleicht sind Sie ja noch vor mir dort ...

VEGETARISCHES TRIFFT SAUMAGEN

Ein »Pfälzer Teller« mit Bratwurst, Saumagen, Leberknödel und Sauerkraut ist deftig. Kleiner, leichter, eleganter kommen Pfälzer Tapas daher. Krimiautorin Gina Greifenstein – sie lässt Paula von Stern von Landau aus ermitteln, zuletzt in »Kerscheplotzer«, ab Mai 2024 in »Fleeschknepp« – hat den kleinen Leckereien aus Pfälzer Zutaten zwei Kochbücher gewidmet und dabei auch an Vegetarier gedacht (im Buchhandel oder über www.pfalz.de).

HÜTTEN-KULTUR

Auf den letzten Metern der Wanderung auf die Kalmit werden wir immer schneller. Nicht dass wir super sportlich wären, nein, der Garten des Kalmithauses lockt und die Hoffnung auf einen Premiumplatz ganz vorne mit Blick über das Rheintal zum Schwarzwald. Seit März 2021 gehören die Pfälzer Hütten zum immateriellen UNESCO-Kulturerbe. Ein Verdienst der unermüdlich arbeitenden Mitglieder des Pfälzerwaldvereins, die die mehr als 100 Gastwirtschaften ehrenamtlich führen. Das Kalmithaus war die erste dieser Hütten. (pwv.de)